中华人民共和国行业推荐性标准

公路滑坡防治设计规范

Specifications for Design of Highway Landslide Stabilization

JTG/T 3334—2018

主编单位：中交第二公路勘察设计研究院有限公司
批准部门：中华人民共和国交通运输部
实施日期：2019 年 03 月 01 日

人民交通出版社股份有限公司

律师声明

本书所有文字、数据、图像、版式设计、插图等均受中华人民共和国宪法和著作权法保护。未经人民交通出版社股份有限公司同意，任何单位、组织、个人不得以任何方式对本作品进行全部或局部的复制、转载、出版或变相出版。

本书扉页前加印有人民交通出版社股份有限公司专用防伪纸。任何侵犯本书权益的行为，人民交通出版社股份有限公司将依法追究其法律责任。

有奖举报电话：（010）85285150

北京市星河律师事务所
2020 年 6 月 30 日

图书在版编目（CIP）数据

公路滑坡防治设计规范：JTG/T 3334—2018 / 中交第二公路勘察设计研究院有限公司主编. — 北京：人民交通出版社股份有限公司, 2018.12
ISBN 978-7-114-15178-1

Ⅰ.①公… Ⅱ.①中… Ⅲ.①公路路基—滑坡—防治—设计规范 Ⅳ.①U418.5-65

中国版本图书馆 CIP 数据核字（2018）第 279139 号

标准类型：	中华人民共和国行业推荐性标准
标准名称：	公路滑坡防治设计规范
标准编号：	JTG/T 3334—2018
主编单位：	中交第二公路勘察设计研究院有限公司
责任编辑：	吴有铭　丁　遥
责任校对：	刘　芹
责任印制：	刘高彤
出版发行：	人民交通出版社股份有限公司
地　　址：	（100011）北京市朝阳区安定门外外馆斜街 3 号
网　　址：	http://www.ccpcl.com.cn
销售电话：	（010）59757973
总 经 销：	人民交通出版社股份有限公司发行部
经　　销：	各地新华书店
印　　刷：	北京市密东印刷有限公司
开　　本：	880×1230　1/16
印　　张：	5.75
字　　数：	123 千
版　　次：	2019 年 1 月　第 1 版
印　　次：	2020 年 9 月　第 3 次印刷
书　　号：	ISBN 978-7-114-15178-1
定　　价：	55.00 元

（有印刷、装订质量问题的图书，由本公司负责调换）

中华人民共和国交通运输部

公 告

第 82 号

交通运输部关于发布《公路滑坡防治设计规范》的公告

现发布《公路滑坡防治设计规范》(JTG/T 3334—2018)，作为公路工程行业推荐性标准，自 2019 年 3 月 1 日起施行。

《公路滑坡防治设计规范》(JTG/T 3334—2018) 的管理权和解释权归交通运输部，日常解释和管理工作由主编单位中交第二公路勘察设计研究院有限公司负责。

请各有关单位注意在实践中总结经验，及时将发现的问题和修改建议函告中交第二公路勘察设计研究院有限公司（地址：武汉市经济技术开发区创业路 18 号，邮政编码：430056）。

特此公告。

中华人民共和国交通运输部
2018 年 11 月 19 日

交通运输部办公厅　　　　　　　　　　　　　　　　2018 年 11 月 22 日印发

前　言

根据《交通运输部办公厅关于下达2012年公路工程标准制修订项目计划的通知》（厅公路字〔2012〕184号）的要求，由中交第二公路勘察设计研究院有限公司承担《公路滑坡防治设计规范》（JTG/T 3334—2018）的制定工作。

本规范编制过程中，编制组分析总结了我国公路及相关行业的滑坡防治工程经验和相关科研成果，借鉴了国内外相关标准规范的先进技术方法，遵循安全可靠、经济合理、环境协调的设计理念，按以防为主、防治结合、彻底治理的原则，提出滑坡分类与防治工程安全等级及安全控制标准，以及各类滑坡勘察与防治设计技术要求。

本规范共9章，第1章总则，第2章术语和符号，第3章滑坡分类与防治工程安全等级，第4章滑坡勘察，第5章滑坡稳定性分析评价，第6章滑坡防治设计要点，第7章滑坡防治工程设计，第8章滑坡防治监测与预测预警，第9章滑坡防治工程动态设计与应急抢险工程设计。

本规范由吴万平起草第1章、第2章、第3章，陈银生、李群起草第4章，姚海林起草第5章，吴万平、梅仕然、程平起草第6章第1~4节和第6节，邓卫东、朱根桥起草第7章，孙福申、成铭起草第8章第1、2、3、5节，廖小平起草第6章第5节和第7节、第8章第4节、第9章。

请各有关单位在执行过程中，将发现的问题和意见，函告中交第二公路勘察设计研究院有限公司，联系人：吴万平（地址：武汉市经济技术开发区创业路18号，邮编：430056，电话：027-84214041，传真：027-84214068，电子邮箱：wanphx@263.net），以便修订时参考。

主　编　单　位：中交第二公路勘察设计研究院有限公司
参　编　单　位：招商局重庆交通科研设计院有限公司
　　　　　　　　中铁西北科学研究院有限公司
　　　　　　　　中科院武汉岩土力学研究所
　　　　　　　　吉林省交通科学研究所

主　　　　编：吴万平
主要参编人员：程　平　邓卫东　廖小平　姚海林　孙福申
　　　　　　　陈银生　梅仕然　李　群　朱根桥　成　铭

主　　　审：徐克逊
参与审查人员：陈国靖　王恭先　王秉纲　杨裕云　陈见周
　　　　　　　龙万学　郑束宁　王道雄　胡建刚　王家强
　　　　　　　田志忠　李志勇　李迎春　徐海青　冯光乐
　　　　　　　刘怡林　黄坤全　刘卫民
参 加 人 员：张静波　卢　正　安孟康　付　伟　冯守中
　　　　　　　阮艳彬

目　次

1 总则 …………………………………………………………………… 1
2 术语和符号 …………………………………………………………… 3
　2.1 术语 ……………………………………………………………… 3
　2.2 符号 ……………………………………………………………… 4
3 滑坡分类与防治工程安全等级 ……………………………………… 5
　3.1 滑坡分类 ………………………………………………………… 5
　3.2 防治工程安全等级 ……………………………………………… 7
4 滑坡勘察 ……………………………………………………………… 10
　4.1 一般规定 ………………………………………………………… 10
　4.2 滑坡勘察技术要求 ……………………………………………… 11
　4.3 工程可行性研究阶段滑坡勘察 ………………………………… 14
　4.4 初步设计阶段滑坡勘察 ………………………………………… 15
　4.5 施工图设计阶段滑坡勘察 ……………………………………… 17
　4.6 勘察阶段滑坡监测 ……………………………………………… 18
　4.7 堆积土滑坡勘察要点 …………………………………………… 19
　4.8 膨胀土滑坡勘察要点 …………………………………………… 21
　4.9 黄土滑坡勘察要点 ……………………………………………… 23
　4.10 填土滑坡勘察要点 …………………………………………… 24
　4.11 岩质滑坡勘察要点 …………………………………………… 24
5 滑坡稳定性分析评价 ………………………………………………… 27
　5.1 一般规定 ………………………………………………………… 27
　5.2 滑坡防治工程安全标准 ………………………………………… 28
　5.3 滑坡岩土体抗剪强度指标 ……………………………………… 29
　5.4 滑坡稳定性分析与计算 ………………………………………… 30
6 滑坡防治设计要点 …………………………………………………… 34
　6.1 一般规定 ………………………………………………………… 34
　6.2 滑坡预防设计要点 ……………………………………………… 36
　6.3 堆积土滑坡防治设计要点 ……………………………………… 38
　6.4 膨胀土滑坡防治设计要点 ……………………………………… 39
　6.5 黄土滑坡防治设计要点 ………………………………………… 41
　6.6 填土滑坡防治设计要点 ………………………………………… 42

  6.7 岩质滑坡防治设计要点 …… 43
7 滑坡防治工程设计 …… 47
  7.1 一般规定 …… 47
  7.2 排水工程设计 …… 48
  7.3 重力式抗滑挡墙设计 …… 52
  7.4 抗滑桩设计 …… 54
  7.5 预应力锚索设计 …… 62
  7.6 其他抗滑工程设计 …… 66
8 滑坡防治监测与预测预警 …… 69
  8.1 一般规定 …… 69
  8.2 滑坡监测内容与周期 …… 71
  8.3 滑坡监测方法与技术要求 …… 72
  8.4 滑坡预测预警 …… 74
  8.5 滑坡监测数据整理与分析 …… 76
9 滑坡防治工程动态设计与应急抢险工程设计 …… 78
  9.1 一般规定 …… 78
  9.2 滑坡防治工程动态设计 …… 79
  9.3 滑坡应急抢险工程设计 …… 81
本规范用词用语说明 …… 83

1 总则

1.0.1 为提高公路滑坡防治勘察设计的技术水平，使滑坡防治设计符合安全可靠、经济合理、环境协调的要求，提升滑坡区公路的抗灾能力，保障公路安全畅通，制定本规范。

1.0.2 本规范适用于各等级公路新建和改扩建工程的滑坡防治设计，以及运营公路的滑坡治理设计。

1.0.3 滑坡易发地段公路设计应做好地形、地质、安全和环保选线工作，选择有利于滑坡稳定和公路运营安全的线位，并应绕避大型、巨型和性质复杂的滑坡地段，以及多个滑坡连续分布的地段。

条文说明

大型、巨型和性质复杂的滑坡及多个连续分布的滑坡，往往治理工程量大、造价高、根治困难，给公路运营带来隐患，危害公路安全，公路选线需优先绕避。

1.0.4 公路滑坡勘察应按设计阶段循序渐进，采用综合勘察方法，查明滑坡位置、范围、性质、成因、规模及危害程度，获取设计所需要的岩土物理力学参数，评价滑坡稳定状况，预测滑坡发展趋势。

条文说明

滑坡勘察需要经历从识别到分类、宏观到微观、定性到定量的过程，需要根据公路不同设计阶段的工作任务，循序渐进，有的放矢，逐步加深对滑坡地质特征的认识。在滑坡勘察中要坚持先调查测绘，再勘探、测试和观测，充分运用各种勘察手段，多方面采集地质和环境等信息，进行综合分析。

1.0.5 滑坡防治设计应遵循以防为主、防治结合、彻底治理的原则，因地制宜，采取综合治理措施，保证滑坡稳定。

条文说明

滑坡对公路工程危害严重，需彻底治理。对性质明确的滑坡，要一次根治，不留后患；对规模大、性质复杂的滑坡，在保证公路安全的前提下，全面规划，分期治理，先修建有利于稳定滑坡的应急工程，并建立必要的监测系统，掌握滑坡的变化规律后，再进行永久治理工程，最终达到根治的目的。

1.0.6 滑坡防治设计应符合节约土地、保护环境、水土保持的要求，减少对生态环境的影响，并避免引发次生地质灾害。

1.0.7 滑坡防治设计应贯彻国家有关技术经济政策，积极稳妥地采用新技术、新结构、新材料和新工艺。

1.0.8 滑坡防治设计除应符合本规范的规定外，尚应符合国家和行业现行有关标准的规定。

2 术语和符号

2.1 术语

2.1.1 滑坡 landslide
斜坡上的部分岩体或土体受自然或人为因素影响,在重力作用下,沿着斜坡内部一定的软弱面(带)整体以水平方向为主位移的地质现象。

2.1.2 潜在滑坡 potential landslide
具备滑坡发生的基本条件,尚未发生明显的整体变形或移动,在自然或人为因素的影响下,有可能演变为滑坡的斜坡体。

2.1.3 牵引式滑坡 retrogressive landslide
斜坡前部岩土体发生滑动后,使得后部岩土体失去支撑,逐渐向后扩展形成的滑坡。

2.1.4 推移式滑坡 slumping landslide
斜坡后部岩土体变形失稳后,挤压推动前部岩土体向前滑动的滑坡。

2.1.5 滑体 landslide mass
稳定岩土体之上产生滑动的岩土体。

2.1.6 滑床 slide bed
滑体滑动所依附的下伏稳定的岩土体。

2.1.7 滑动面 sliding surface
滑体沿下伏稳定岩土体滑移的依附面,是滑体与滑床的分界面。

2.1.8 滑坡周界 landslide boundary
滑体与其周围稳定的岩土体在地表面上的分界线。

2.1.9 主滑段 main slide section
在主滑断面上沿滑动面(带)产生剩余下滑力的滑体段。

2.1.10 抗滑段 slide-resistant section

在主滑断面上沿滑动面（带）产生抗滑作用的滑体段。

2.1.11 抗滑挡墙 anti-sliding retaining wall

抵抗滑坡下滑力的墙式构造物。

2.1.12 抗滑桩 slide-resistant pile

上端支挡滑坡体，下端嵌入稳定地层，以抵抗滑坡下滑力的横向受力桩。

2.1.13 预应力锚索 prestressed anchor

由外锚头、自由段、锚固段组成的支护结构，通过施加张拉力以加固岩土体。

2.1.14 排水隧洞 drainage tunnel

通过截排滑坡区地下水，降低孔隙水压力，提高滑动带抗剪强度，减小地下水不利作用的地下洞式排水构造物。

2.1.15 削方减载 load shedding

在滑坡体后部挖除部分滑体，以减小滑坡下滑力的工程措施。

2.1.16 填土反压 filled soil back pressure

在滑坡体前缘填筑土体，以增加滑坡抗滑力的工程措施。

2.2 符号

b——抗滑桩截面宽度；

c——岩土体的黏聚力；

E_c——混凝土弹性模量；

F_s——滑坡稳定系数；

K_s——滑坡稳定安全系数；

P_d——锚索设计锚固力；

R_c——岩石天然单轴抗压极限强度标准值；

T_i——滑坡剩余下滑力；

φ——岩土体的内摩擦角；

γ——岩土体的重度。

3 滑坡分类与防治工程安全等级

3.1 滑坡分类

3.1.1 应根据滑坡的物质组成、性质、特征、滑动形式、滑坡体积、滑动面埋藏深度、发生时间等,做好滑坡分类工作。

条文说明

本规范在《公路工程地质勘察规范》(JTG C20—2011)基础上,采用两层次的分类方案。第一层次分类,按滑坡体的组成物质作为分类标志,反映了滑坡体的主要性质特点;第二层次分类,按滑坡体积、滑动面埋藏深度(滑体厚度)和滑动形式等分类,反映滑坡某一方面的特性,维持《公路工程地质勘察规范》(JTG C20—2011)的分类方法。

3.1.2 滑坡可根据滑坡体的主要物质组成,按表3.1.2进行分类。

表3.1.2 滑坡按主要物质组成分类

类 型	亚 类	主 要 特 征
土质滑坡	堆积土滑坡	除膨胀土、黄土、填土等特殊土之外,发生在第四系地层各种成因土层中,包括风化残积土,由一般土质组成滑坡体。滑动面多位于软弱土层中或基岩顶面
	膨胀土滑坡	发生在含有膨胀土的地层中。滑动面多位于膨胀土活动区深度范围
	黄土滑坡	发生在各时期黄土地层中,由黄土构成滑坡体。滑动面位于黄土层间界面或基岩顶面
	填土滑坡	发生在路堤或人工弃土堆中。滑动面可位于填土内部、老地面或基底以下松软层中
岩质滑坡	破碎岩体滑坡	发生在构造破碎带或严重风化带的破碎岩体中
	层状岩体滑坡	发生在具层状结构的岩体中。滑动面位于层面或软弱结构面
	块状岩体滑坡	相对完整的块状岩体沿构造节理或断层产生的组合式滑动

条文说明

《公路工程地质勘察规范》（JTG C20—2011）按滑坡体物质组成，将滑坡分为5类：堆积层滑坡、基岩滑坡、黄土滑坡、破碎岩体滑坡、膨胀土滑坡。

对于"基岩滑坡"，名称较为模糊，广义基岩滑坡是破碎岩体滑坡、层状岩体滑坡和块状岩体滑坡的总称，不同类型基岩滑坡的特点、性质、破坏模式、规模及防治对策等是不同的。为避免引起歧义和分类名称产生交叉，将《公路工程地质勘察规范》（JTG C20—2011）中"基岩滑坡"和"破碎岩体滑坡"统一归并为岩质滑坡。

对于"土质滑坡"，"堆积土滑坡、膨胀土滑坡、黄土滑坡"的滑坡体是自然形成的原状土体；"填土滑坡"的滑坡体主要为人工填筑或废弃的土体，属"压实土"，其工程性质与原状土体有很大的差异，是次生滑坡。"填土滑坡"滑动面位于填土内部、老地面或基底以下松软层之中。"填土滑坡"不包含"堆积土滑坡、膨胀土滑坡、黄土滑坡"。

3.1.3 堆积土滑坡可根据土的性质和物质组成，按表3.1.3进行分类。

表3.1.3 堆积土滑坡分类

类 型	主 要 特 征
黏质土滑坡	发生在非膨胀性的黏质土层中。滑动面多为高含水率、软弱的高塑性黏土层
砂质土类滑坡	由砂质土、粉土组成
碎石土类滑坡	由碎石土、块石土组成。滑动面多为层中高含水率、软弱的黏性土夹层
风化残积土滑坡	发生在残积土、全风化土、砂土状强风化层中，滑动面多为风化界面、软弱夹层、原生或次生结构面等

条文说明

风化残积土滑坡属于类土质滑坡，其上多为坡积土覆盖，滑动面多追踪于风化残积土体中的原生结构面，滑坡工程性质既与原岩有一定的关联性，又与原岩滑坡差异大。为此，本规范将其纳入堆积土滑坡范畴。

3.1.4 层状岩体滑坡可根据滑动面与岩体结构面的组合关系，按表3.1.4进行分类。

表3.1.4 层状岩体滑坡分类

类 型	主 要 特 征
顺层滑坡	沿顺坡倾向的层面或软弱带滑动
切层滑坡	由平缓或反倾层状岩体构成，滑动面切割岩层层面。常沿顺坡倾向的一组软弱面或结构面（带）滑动

3.1.5 滑坡可根据滑坡体积，按表3.1.5进行分类。

表 3.1.5 滑坡按体积分类

滑坡类型	小型滑坡	中型滑坡	大型滑坡	巨型滑坡
滑坡体积 V（m^3）	$V \leqslant 4 \times 10^4$	$4 \times 10^4 < V \leqslant 30 \times 10^4$	$30 \times 10^4 < V \leqslant 100 \times 10^4$	$V > 100 \times 10^4$

3.1.6 滑坡可根据滑动面埋藏深度（滑体厚度），按表3.1.6进行分类。

表 3.1.6 滑坡按滑动面埋深分类

滑坡类型	浅层滑坡	中层滑坡	厚（深）层滑坡
滑动面埋深 H（m）	$H \leqslant 6$	$6 < H \leqslant 20$	$H > 20$

3.1.7 滑坡可根据滑动力学特征，按表3.1.7进行分类。

表 3.1.7 滑坡按滑动力学特征分类

滑坡类型	主要特征
推移式滑坡	中后部岩土体变形失稳后，挤压推移前缘段产生滑动形成
牵引式滑坡	前缘段岩土体发生滑动后，使后缘岩土体失去支撑而滑动形成

3.1.8 滑坡可根据发生时间，按表3.1.8进行分类。

表 3.1.8 滑坡按发生时间分类

滑坡类型	主要特征
新滑坡	新近发生滑动
老滑坡	全新世以来发生滑动
古滑坡	全新世以前发生滑动

3.2 防治工程安全等级

3.2.1 滑坡防治设计应根据滑坡性质、规模及分布范围，判定滑坡危及的范围及其危害对象，分析评价滑坡危害性，确定滑坡防治工程的安全等级。

3.2.2 评价滑坡危害性时，应根据滑坡规模、稳定状况、周围环境，以及公路通过滑坡区的部位和公路路基、构造物类型等，按表3.2.2确定滑坡危害程度。

表 3.2.2 滑坡危害程度分级

危害对象		危害程度			
		小型滑坡	中型滑坡	大型滑坡	巨型滑坡
公路通过滑坡前部	路堤	○	○	★	★
	路堑	☆	★	▲	▲

续表 3.2.2

危害对象		危害程度			
		小型滑坡	中型滑坡	大型滑坡	巨型滑坡
公路通过滑坡前部	桥梁	★	★	▲	▲
公路通过滑坡中部	路堤	★	★	▲	▲
	路堑	★	★	▲	▲
	桥梁	★	★	▲	▲
公路通过滑坡后部	路堤	☆	★	▲	▲
	路堑	○	○	☆	★
	桥梁	★	★	★	★
滑坡位于隧道洞口		★	★	▲	▲

注：1. 滑坡影响区内有高压输电塔、油气管道等重要建筑物，以及村庄和学校时，滑坡危害程度可定为严重或特严重。
2. 当滑坡处于基本稳定状态时，其危害程度可定为轻。
3. 滑坡危害程度分级符号：○-轻，☆-中等，★-严重，▲-特严重。

条文说明

滑坡规模大小不同，其危害程度也不同。与此同时，公路通过滑坡的部位不同、构筑物或构造物的类型不同，滑坡对公路危害程度也不相同。

公路以路堤通过滑坡前部，可以增加滑坡的抗滑力；以路堑通过滑坡后部，可以减少滑坡的下滑力。这两种工况均能提高滑坡的稳定性，降低滑坡的危害程度。反之，将加重滑坡的危害程度。

3.2.3 滑坡防治工程安全等级，应根据滑坡危害程度、公路等级、周围环境及其工程重要性，按表3.2.3确定。

表 3.2.3 滑坡防治工程安全等级

滑坡危害程度	安全等级		
	高速公路、一级公路	二级公路	三、四级公路
轻	Ⅰ	Ⅲ	Ⅲ
中等	Ⅰ	Ⅱ	Ⅲ
严重	Ⅰ	Ⅱ	Ⅱ
特严重	Ⅰ	Ⅰ	Ⅱ

注：1. 滑坡防治工程安全等级由高到低依次为Ⅰ级、Ⅱ级、Ⅲ级。
2. 滑坡影响区有桥梁、隧道、高压输电塔、油气管道等重要建筑物，以及村庄和学校的二、三、四级公路，滑坡防治工程安全等级宜提高一级。
3. 区域内唯一通道的二、三、四级公路，滑坡防治工程安全等级宜提高一级。

条文说明

滑坡防治工程安全等级是滑坡防治工程设计的重要指标。划分时，既要考虑公路等级与重要性，还要考虑滑坡危害程度及对重要建筑物的破坏后果。

二、三、四级公路滑坡影响区有桥梁、隧道、高压输电塔、油气管道等重要建筑物，以及村庄和学校时，其破坏后果极其严重，故其安全等级需提高一级。即二级公路滑坡影响区有重要建筑物的滑坡防治工程列入Ⅰ级，与高速公路、一级公路滑坡防治工程同等对待；将三、四级公路滑坡影响区有重要建筑物的滑坡防治工程列入Ⅱ级，与二级公路滑坡防治工程同等对待。

近年来，我国发生了多次重大的地震、洪水等自然灾害，公路在抢险救灾中起着关键的作用，成为抢险救灾的生命线。为提高公路防灾减灾的能力，对区域内唯一通道的二、三、四级公路，有条件时，滑坡防治工程安全等级提高一级。

4 滑坡勘察

4.1 一般规定

4.1.1 对公路工程及其附属设施的安全有影响的滑坡或潜在滑坡，应进行滑坡专项工程地质勘察。

4.1.2 当地形地貌、岩土结构等具有下列特征时，可初步判别为滑坡：
  1 坡体地形具圈椅状或马蹄状环谷地貌，或斜坡上出现异常台坎及斜坡坡脚侵占河道等现象。
  2 坡体两侧分布有沟谷，并有双沟同源的现象。
  3 坡体上分布有地面裂缝、醉汉林、马刀树，或建筑物倾斜、开裂等现象。
  4 坡体岩土有扰动松软现象，基岩层位、产状特征与外围不连续，或局部地段新老地层呈倒置现象。
  5 坡体上分布有积水洼地，坡体前缘有泉水溢出。
  6 坡体后缘断壁上有顺坡擦痕，前缘土体被挤出或呈舌状凸起；下部岩土体具有塑性变形带，存在摩擦镜面，擦痕方向与滑动方向一致。

条文说明

在前期勘察工作中，通过对地质调查测绘、遥感图像资料的分析，重点对地形地貌形态、岩层露头及一些地表和建筑物变形破坏形迹进行滑坡综合识别，初步判断为滑坡的，需进行滑坡专项工程地质勘察。

工程实践中，往往因前期调查工作不够细致，忽略了原本存在的滑坡迹象，判断失误，未按滑坡特点开展相应勘察工作，后期造成公路路线和构筑物设计不合理，导致施工过程中发生工程滑坡或古滑坡复活而造成重大损失。因此，滑坡前期识别十分重要。

4.1.3 当地形地貌、岩土结构等具有下列特征，在工程活动影响下或其他环境条件变化时可能产生变形或滑动的斜坡，可初步判别为潜在滑坡：
  1 存在顺层的斜坡。
  2 存在顺坡向的优势节理裂隙或顺坡向软弱结构面的斜坡。

3 存在厚层堆积体的长大缓斜坡。

条文说明

对于未见明显滑坡迹象，又具有上述地形地貌、岩土结构特征的斜坡，在工程活动前，这类斜坡处于稳定状态，但在工程活动的影响下，或环境条件发生变化时，经过分析判断，有可能变形滑动时，可以将其判定为潜在滑坡。

4.1.4 滑坡勘察应查明滑坡及附近的地形地貌、滑坡性质、滑动面（带）形态、工程地质和水文地质条件、滑坡的成因类型、岩土体的物理力学指标、滑动面（带）的力学参数、滑坡规模与特征等，分析评价滑坡稳定状况、发展趋势和对公路工程的危害程度，提出防治工程建议措施。

4.1.5 滑坡勘察应充分利用已有资料，及时分析掌握滑坡信息，结合滑坡区工程建设和地质条件，根据不同设计阶段勘察任务要求，合理开展勘察工作。

4.1.6 滑坡勘察应采用安全可靠的技术手段，严禁采用可能降低滑坡稳定性的勘探方法。

条文说明

勘察活动中勘察用水、爆破震动、开挖探坑（井、硐）、施工便道、勘探平台等对滑坡稳定性有一定的影响，制定勘察方案时，需评估拟采用的勘察手段或方法对滑坡稳定性的影响程度。清水钻进、注水试验等勘察手段或方法将对滑坡稳定性产生较大的影响，需避免。

4.2 滑坡勘察技术要求

4.2.1 地质调绘工作范围应包括滑坡区、滑坡影响区，以及与之相邻的斜坡稳定区的一定范围。当采用排水工程进行滑坡防治时，应对其外围可能布置地面排水沟或地下排水隧洞洞口等防治工程的地区，进行地质调绘。当滑坡的剪出口影响滑坡体下部构造物或河流等重要地物时，应测绘沿主滑方向的控制性断面。

4.2.2 地表特征调绘应包括下列内容：

1 地面坡度与相对高差、沟谷与平台、鼓丘与洼地、阶地及堆积体等分布位置及形态特征，路线走向与斜坡的关系，河岸、谷坡受冲刷或淤积情况及河道变迁历史情况；
2 滑坡的周界状况，包括滑坡后壁的位置、产状、高度及其壁面上擦痕方向，滑坡两侧界线的位置与形状、前缘出露位置、形态、临空面特征及剪出口情况等；

3 裂缝的分布位置、性质、形状、宽度、深度、延伸长度、充填情况，以及裂缝产生的时间和变化情况；

4 植被类型及其持水特性，马刀树和醉汉林分布部位；

5 建筑物开裂、鼓胀或压缩变形分布等特征。

4.2.3 工程地质调绘应包括下列内容：

1 堆积体成因、岩性、颗粒成分、结构特征、潮湿程度、密实程度、软弱夹层；

2 岩体结构与产状，软硬岩组合与分布，岩石风化、破碎程度、卸荷带、破碎带、软弱结构面、层间错动带在坡体上的展布特征及其含水状态；

3 各类结构面调查，包括褶皱、断层、节理、劈理等的性质、产状、组合延伸状况、发育程度等；

4 可能形成滑动面（带）的层位及岩性，滑动面以下的滑床岩体结构。

4.2.4 水文地质调绘应包括下列内容：

1 地表沟系发育特征、径流条件，地表水、地下水与大气降水的关系；

2 井、泉、水塘、湿地的位置、类型、水位、流量及季节性变化情况；

3 含水层、隔水层的位置、性质、厚度，地下水的水位、水质、水温及其变化、流向、补给、径流和排泄条件。

4.2.1~4.2.4 条文说明

滑坡产生的重要内因是组成斜坡的岩土体中含有软弱结构面或泥化夹层。坚硬的岩层中夹有相对软弱的薄层岩石，如砂岩、灰岩中夹泥岩、页岩或煤层，特别是煤系地层常伴随有铝土页岩、黏土岩等。这类夹层岩石软弱、结构疏松，易受构造活动及风化作用影响，力学强度低，遇水软化或泥化而构成软弱面，在外因（工程载荷、震动、边坡形态改变等）的影响下，极易产生滑坡。

从宏观上看，岩质滑坡的产生与区域地质构造条件有关，在挽近期新构造活动强烈的地质构造单元、断裂带、褶皱附近，滑坡十分发育；沿断裂带发育的滑坡，常常与断裂性质有关，因力学性质不同，破坏程度也有所不同。

地表水和地下水的活动是滑坡产生的重要因素。暴雨、长时间降雨或雨雪冻胀、冰雪融化时，地表水流冲刷、冻胀和地下水活动，往往成为滑坡的诱发因素。地下水活动，对岩土体产生潜蚀、溶解和软化等物理化学作用，降低斜坡的稳定性。降雨入渗，进一步降低滑动面（带）岩土的力学强度，增加滑坡体下滑力。

滑坡调绘所见到的是滑坡的现状，对滑动之前的特征，如裂缝的发生发展、地下水的变化、建筑物变形破坏等情况，需要加强对当地居民的调查访问，了解滑坡的历史情况。

4.2.5 滑坡勘探应采用物探、钻探、井（槽）探和原位测试相结合的综合勘探手段，必要时可采用硐探，查明滑坡体结构、性质、各层滑动面（带）的位置及空间分布，以及地下水水位、流向、流量及其变化情况。

4.2.6 滑坡勘探应符合下列要求：

1 物探成果应与钻探、井（槽）探、硐探资料相印证，不宜单独作为防治工程设计依据。

2 钻探孔位布置应在工程地质调绘和物探的基础上，结合测试和治理工程需要，沿确定的纵向或横向勘探线布置。

3 钻探深度应深入最深层滑动面（带）以下3.0～5.0m。拟采用抗滑桩的地段，钻探深度应深入至桩端底部以下不小于5.0m；拟采用锚索加固的地段，钻探深度应深入至锚固端底部以下不小于3.0m；拟采用抗滑挡墙加固的地段，钻探深度应深入至基础底部以下不小于3.0m。

4 钻探应采用干钻或无泵反循环、双层岩芯管钻进；在滑动面（带）及其上下5.0m的范围应采用干钻或双管单动钻进技术。

5 应对滑体各岩土层和滑动面（带）采取代表性的岩、土、水样，进行岩土物理力学性质试验和水质分析；必要时应对岩样进行切片和黏土矿物鉴定。

6 钻探发现地下水时应分层止水并测定初见水位、稳定水位、含水层厚度，并应结合钻孔进行地下水位动态观测，分析地下水的流向、径流和排泄条件，以及地下水渗透性等。

4.2.7 滑坡测试应符合下列要求：

1 室内测试应取原状土样。当无法采取原状土样时，可取保持天然含水率的扰动土样。

2 滑坡物理性质试验项目应包括：天然重度，比重，天然含水率，塑限、液限，颗粒组成、矿物成分及微观结构。

3 滑动面（带）岩土体抗剪强度指标，应根据滑坡所处变形滑动阶段、岩土性质、含水状态和工程要求，选择快剪、固结快剪、浸水饱和剪、不同含水率下抗剪强度和残余强度试验、岩体饱和强度试验。

4 必要时，应进行原位剪切试验或其他原位测试工作。原位直剪试验的推力方向应与滑体的滑动方向一致，着力点与剪切面的距离，或剪切缝的宽度不宜大于剪切方向试体长度的5%。

5 当采用地下排水隧洞整治方案时，应进行滑坡抽水试验，获取可靠的水文地质参数。

条文说明

勘探时，对滑动面（带）的岩土层都需采取原状土样，以取得符合实际的物理力学性质试验数据。当滑动面（带）土层厚度较小，且埋藏深度难以预测准确，按常规方法很难取得原状土样时，取滑动面（带）土的扰动土样，进行重塑土样试验。为保持扰动土样的原含水率，要及时取样和封闭，并尽早进行试验。

滑动面（带）的室内剪切试验，根据滑坡性质、滑动面（带）土结构、滑坡稳定状态和发展情况确定，一般采用下列方法：

（1）正在活动的滑坡，滑动面（带）为黏性土时，采用残余强度剪或重复剪试验。

（2）已稳定的滑坡，包括处于暂时稳定的滑坡，采用固结快剪或三轴固结不排水剪试验。

（3）当滑动面（带）土的稠度不大、滑动面清晰时，采用沿滑动面的重合剪切试验。

（4）当滑动面（带）土为饱和状或泥化流动状、滑动面不清晰时，采用饱和快剪试验。

（5）对水敏感的滑动带土，采用不同含水状态的快剪试验。

4.3 工程可行性研究阶段滑坡勘察

4.3.1 工程可行性研究阶段滑坡勘察应初步查明公路沿线的滑坡或潜在滑坡分布范围、滑坡区地质环境条件、滑坡类型及要素，分析滑坡成因，初步评价滑坡稳定性，提出选择公路路线走廊带的建议方案、滑坡防治对策和工程方案。

条文说明

工程可行性研究阶段滑坡地质勘察以遥感图像判释、地质调查测绘等手段为主，必要时辅以物探和重点场地钻探等，开展区域性工程地质勘察与调绘工作，识别大型、巨型滑坡，判断滑坡的分布范围、性质、规模及对公路危害程度，为路线方案研究提供地质依据。

4.3.2 工程可行性研究阶段滑坡勘察应完成下列工作内容：

1 收集气象、水文、地质、地震及遥感图像等资料，了解区域滑坡史和易滑地层分布情况。

2 调查滑坡地貌形态及其演变过程，了解滑坡分布位置及周围坡体之间的稳定关系。

3 初步查明滑坡周界范围、滑动面（带）位置、滑动面（带）岩土性质，以及滑坡变形历史与现状。

4 调查滑坡区的地下水分布情况，泉水出露地点及流量，以及湿地的分布情况。

5 调查滑坡范围的已有建筑物、树木等变形情况。

6 初步判定滑坡稳定状况及其发展趋势，评价滑坡对公路工程危害程度。

4.3.3 工程可行性研究阶段滑坡勘察工作应符合下列规定：

1 勘察方法应以地质调绘为主，井（槽）探和物探工作为辅。对大型和巨型滑坡、性质复杂的滑坡，必要时应进行钻探工作。

2 工程地质调绘范围应包括滑坡区及其邻近稳定地段，大型和巨型滑坡调绘比例尺宜为1:2 000～1:5 000。

3 对控制路线方案的大型和巨型滑坡，应沿滑坡主滑断面布置勘探点，勘探断面不宜少于3条，其中1条主滑断面钻探孔不应少于3个。

4.3.4 工程可行性研究阶段滑坡勘察报告编制应包括下列内容：

1 滑坡工程地质说明，应阐述滑坡位置、范围、地质条件、类型、形成原因、规模、稳定状况、发展趋势及危害程度，评价滑坡对公路路线走廊带的影响，提出滑坡处理对策及下阶段工程地质勘察工作建议。对大型和巨型滑坡，应单独论述。

2 大型和巨型滑坡工程地质平面图，比例尺宜为1:2 000～1:5 000。

3 大型和巨型滑坡工程地质断面图，比例尺宜为1:500～1:2 000。

4.4 初步设计阶段滑坡勘察

4.4.1 初勘阶段滑坡勘察应基本查明公路沿线滑坡及潜在滑坡的位置与周界范围，查明滑坡体组成物质、厚度，滑动面（带）位置、形状、物质组成及物理力学性质，滑坡体变形情况及滑坡历史等；查明滑坡体内地下水分布状态、补给来源、各含水层间的水力联系、泉水出露及湿地分布情况；分析滑坡形成原因及诱发条件，评价滑坡稳定状态、发展趋势及对公路工程危害程度，提出路线绕避方案或滑坡防治技术方案的建议。

条文说明

初勘阶段滑坡勘察是在工可阶段滑坡勘察基础上，通过大比例尺地质调查测绘、钻探、井（槽）探和物探工作，进一步识别滑坡，确认滑坡位置、分布范围、主要诱发因素、规模、危害程度，以及滑动变形所处的阶段、稳定状况及发展趋势等，提出滑坡防治对策，为绕避滑坡与防治滑坡提出比选的依据。

初勘阶段要特别注意潜在滑坡的识别和判断。

4.4.2 初勘阶段滑坡勘察应采用以调查测绘和钻探为主、井（槽）探和物探为辅的综合方法，并应符合下列要求：

1 滑坡工程地质调绘的比例尺宜为1:500～1:2 000，调绘的范围应包括滑坡及对滑坡有影响的区域。滑坡边界、裂缝、台阶等滑坡要素应实测。

2 沿主滑方向布设勘探断面，小型滑坡不应少于1条，中型滑坡不应少于2条，大型、巨型滑坡不应少于3条；垂直主滑方向的勘探断面不应少于1条。每条断面勘探点不应少于3个,其中钻孔不应少于2个。

3　在滑动面(带)及其上、下地层中,应分别采取代表性土(岩)样,进行物理力学性质试验。

4　有地下水时应查明地下水的赋存位置,含水层的组成及厚度,各层地下水的初见水位、稳定水位和流量,并取水样做水质分析。

5　土质滑坡可采用瑞利波法、地震反射波法、四极对称直流测深法和高密度或超高密度电法等综合物探方法辅助确定滑动面的位置、土层与基岩的分界面,以及滑坡区地下水赋存与分布规律等。

条文说明

初勘阶段滑坡的勘探断面需沿主滑动方向布置,除沿主滑动轴线布置主勘探断面外,对于大型、巨型滑坡,还要在主勘探断面两侧各布设1条勘探断面。勘探点主要布置在滑坡勘探断面上,包括钻孔和井(槽)探点。

初勘阶段滑坡测试,主要是采取滑动面(带)土原状样进行室内试验,获得滑动面(带)土的力学强度值。滑体和滑床的每个不同地层亦需选取代表性原状岩土样,进行物理力学性质试验。

土层滑坡滑动面(带)的空间分布范围采用综合物探方法勘察较为有效。瑞利波法可查明瑞利波速度低的含水率大的土层,地震反射波法可查明地震反射界面的岩土分界面。不同物性地质体的电性参数是不一样的,用四极对称直流电测深法可探测其分布。

对于潜在滑坡,需针对可能的滑动面(带)和滑坡影响范围开展勘探工作。

4.4.3　对路线方案影响大、地质复杂、稳定性难以判断的滑坡,必要时应对滑坡进行动态监测。

条文说明

勘察阶段动态监测的目的是确定滑坡体的范围、滑动面(带)的位置及变形情况,尤其是滑坡要素、滑动面(带)及变形情况等不明确的滑坡或潜在滑坡,更需通过动态监测予以查明。

4.4.4　滑坡初勘应提供下列资料:
1　对小型且地质条件简单、无须处治的滑坡,可列表说明其工程地质条件。
2　对中型、大型、巨型或性质复杂的滑坡,应按工点编制滑坡工程地质勘察报告。

1)　工程地质说明:应说明滑坡勘察内容,阐述滑坡分布范围、物质组成、滑动面(带)位置及形状、滑坡体岩土物理力学性质、地下水分布情况,滑坡形成原因、类型、规模及对公路工程危害程度，分析滑坡稳定性，提出滑坡防治工程方案的建议。

2）图表资料：应对滑坡周界范围、分级与分块情况及滑坡要素、地下水等进行图示和说明，提供1:500～1:2 000滑坡工程地质平面图、1:200～1:500滑坡工程地质断面图、1:50～1:200工程地质钻孔柱状图、1:50～1:200滑坡井（槽）探展示图、土工试验资料、物探曲线图表、水文地质测试资料、滑坡动态监测资料及照片等。

4.5 施工图设计阶段滑坡勘察

4.5.1 详勘阶段滑坡勘察应在初勘和初步设计的基础上，结合防治工程方案，进一步核实、补充和完善滑坡地质条件、岩土力学参数等，为施工图设计提供依据。

4.5.2 滑坡详勘应根据初步设计确定的防治工程方案，详细查明支挡结构物和排水构造物所处位置的工程地质与水文地质条件，为工程治理设计提供工程地质与水文地质参数。

4.5.3 滑坡详勘应采用以钻探为主，结合调查测绘、井（槽）探、测试、物探和监测等综合勘察方法。

4.5.4 滑坡详勘应对初勘工程地质调绘资料进行复核和确认，并应结合滑坡防治工程设计方案补充1:500～1:2 000工程地质调绘。

条文说明

在确定详勘阶段滑坡勘察范围时，滑坡的活动区及影响区比较明确，但潜在滑坡的活动区及影响区不明确，需要根据勘察现场的工程地质和水文地质条件、工程设计方案、环境因素的变化等及时进行调整。

4.5.5 滑坡详勘应充分利用初勘资料，在补充工程地质调绘的基础上进行勘探，并应符合下列要求：

1 沿主滑方向主勘探断面，小型滑坡不应少于1条，勘探点间距宜为20.0～40.0m；中型滑坡不应少于2条，勘探点间距宜为30.0～50.0m；大型滑坡不应少于3条，勘探点间距宜为30.0～60.0m；巨型滑坡勘探断面应结合滑坡特点分区、分条布设充足的勘探断面，确保各分级、分块滑坡体上勘探点的有效控制。

2 垂直主滑方向的勘探断面，小型滑坡不应少于1条，中型滑坡不应少于2条，大型或巨型滑坡不应少于3条。

3 各抗滑支挡工程轴线勘探断面不应少于1条，每条断面钻孔不应少于3个，物探和钻探综合断面上的钻孔不应少于2个。

条文说明

详勘阶段滑坡勘察是在合理利用初勘资料基础上进行，勘探点的间距要根据滑坡复杂程度、滑动面（带）形态、地下水发育程度等不同而定。一般情况下，滑动面（带）为圆弧形或折线形时，勘探点布置需加密；滑动面（带）为直线时，勘探点布置可以适当减少。

4.5.6 详勘阶段滑坡测试应符合下列要求：

1 对滑体、滑动面（带）及其滑床的各岩土层应分别取代表性土样和岩样做物理力学性质试验；主滑段、抗滑段中应分别取滑动面（带）土样不少于3组，进行原状土或重塑土剪切试验，试验宜采用与滑动受力条件相适应的方法。

2 必要时，宜在滑动带处进行大型原位剪切试验。

3 场区地下水发育时应进行水文地质试验，测定滑坡体内含水层的涌水量、渗透系数和水位变化，并对地表水和地下水分别取样进行水质分析。必要时应测定地下水流速和流向。

条文说明

不同部位滑动面（带）土样，其物理力学性质是不同的，主滑段滑动面（带）土的力学强度往往低于抗滑段或牵引段滑动面（带）土的力学强度。因此，需分别取样进行物理力学试验。

沿软弱夹层滑动的岩质滑坡，难以获取原状土样，根据设计需要，考虑在现场做大型原位剪切试验。

滑坡区水文地质试验，对涌水量不大的中、浅层滑坡，通常采用提水试验或利用钻探机具的动力设备进行抽水试验，但不能在滑坡钻孔中做压水或注水试验，以免恶化滑坡的稳定条件。

4.5.7 详勘阶段滑坡勘察应按本规范第4.3.4条的规定提供资料。必要时应补充水文地质图、滑床或基岩等高线图、滑坡地段过湿带分布图，比例尺宜为1:500～1:2 000。

4.6 勘察阶段滑坡监测

4.6.1 对无法绕避且制约公路路线方案的大型、巨型滑坡，或具有多层滑动带的规模较大、性质复杂且有变形活动的滑坡，在勘察阶段应进行动态监测，查明滑动面（带）位置及其变形活动规律。

条文说明

滑坡动态监测是确定滑动面（带）位置、变形速率、主滑方向、滑坡稳定状态，预测滑坡发展趋势的重要手段。

对于规模较大、性质复杂且有变形活动的滑坡，尤其是具有多个滑动面、多次滑动的滑坡，采用常规地质勘探手段难以准确地确定正在滑动的滑动面（带）位置、主滑方向和滑坡稳定状态，在这种情况下进行滑坡动态监测非常重要。

4.6.2 高速公路、一级公路滑坡监测应建立包括地表变形、裂缝、深部位移、地下水位和孔隙水压力变化的综合监测系统。二级及二级以下的公路滑坡宜建立以地表变形监测为主、深部位移为辅的监测系统。

4.6.3 滑坡监测应包括下列内容：
1 地表变形监测，包括水平位移、垂直变形、裂缝宽度及其延伸变化与移动方向。
2 建筑物变形监测，包括开裂、倾斜、位移及破坏情况。
3 深部位移监测，包括地表下不同深度的滑坡体位移。
4 地下水监测，包括孔隙水压力，井、泉、钻孔的水位、水温、水量、水质等变化。
5 气象观测。

4.6.4 滑坡监测网布置，应根据工程地质情况，在滑坡范围内，沿滑坡主滑方向布置 1~3 条监测断面，每条监测断面监测点不宜少于 3 个。

4.6.5 勘察阶段滑坡监测时间不宜少于 30d。监测工作应根据具体勘察情况和滑坡活动状态，及时调整监测网的布置与监测时间。主要监测点可用作施工阶段监测。

条文说明

滑坡动态监测工作，需要有一定的监测时间，尤其是经历连续降雨的观测，才能取得较好的效果。综合考虑勘察阶段滑坡监测目的和勘察周期等因素，本规范规定了监测时间不宜少于 30d。有条件时，监测工作要延续到施工，与施工期滑坡监测工作相衔接。

勘察阶段滑坡监测在布置监测网、监测断面和监测点时，要考虑到施工期监测和防治效果监测的利用，合理布设。

4.7 堆积土滑坡勘察要点

4.7.1 堆积土滑坡勘察应查明堆积土成因、结构、物质成分等，根据不同的堆积成因确定勘察的重点，确定滑坡周界、滑动面（带）位置与岩土物理力学参数，评价稳定性及其对公路危害程度，提出防治措施的建议。

4.7.2 堆积土滑坡勘察应重点查明下列内容：

1 堆积土的物质来源、物质组成、分布形状、结构层次、成因类型，堆积土与原地面的接触形态及含水状态。

2 各层位的物理力学参数、含水率和浸水后的抗剪强度，分析判断滑动面的位置。

3 堆积土中地下水的分布情况、补给来源和方式，以及对堆积土稳定性的影响程度。

4 地表水对堆积体及其基底以下土层的冲刷情况及其稳定状况。

5 堆积体范围内变形形迹、地裂缝分布情况。

4.7.3 堆积土滑坡地质调绘应重点查明下列内容：

1 不同成因类型土层的组合与分布情况，不同土层的顶底面、软弱夹层、下伏基岩顶面等的形态特征与含水状态。

2 地表水、地下水的活动情况，以及补给、径流、排泄条件。

3 分析判断堆积体的发育历史与演变过程。

条文说明

堆积土滑坡物质组成、成因类型和结构组成较为复杂，在内外营力作用下，尤其是在降雨影响下，常沿不同时代及不同成因堆积土界面、基岩顶面或古剥蚀面滑动。因此，堆积土滑坡地质调绘的重点是摸清不同土层界面分布情况和含水状态。

4.7.4 顺层间滑动的堆积土滑坡应重点查明不同成因或不同时代的堆积土分布层次、层间岩土分界面及下覆基岩面的形状与倾斜情况，各土层物质组成与物理力学性质，细粒土在不同含水状态下 c、φ 值，堆积土体中含水层与相对隔水层分布情况，地下水水位、水压、补给来源和补给方式等。

条文说明

堆积土的成因多为坡积、残积、洪积和冲积。坡积土滑坡的滑动面（带）多产生于不同坡积层之间；残积土滑坡的滑动面（带）多源于原生构造结构面，如母岩的节理裂隙、断层糜棱带等；洪积土滑坡的滑动面（带）多产生于不同洪积土层间；冲积土（体）滑坡的滑动面（带）多产生于淤泥质土或高塑性土层。

4.7.5 季节性中冻区、重冻区堆积土滑坡勘察，在查明滑坡分布范围、滑动面（带）位置、性质和规模的基础上，应重点查明多年平均冻深、季节融化层深度、土层中含冰位置、融化状态下土体物理力学性质，以及地下水分布特征、类型、赋存条件、水位及变化规律等。

条文说明

季节性中冻区、重冻区堆积土滑坡主要是受季节性冻融循环造成的，其变形以坍塌和滑动为主。降水入渗和地下水渗流形成地表湿地，冬季成为季节性冻土，冻结膨胀使土体结构松散，春融时冰层消融，地下水渗流排泄造成松散物质流失，饱和、过饱和的土体在重力作用及水动力的影响下随融冰水产生蠕动变形，最终发展为滑坡。

4.8 膨胀土滑坡勘察要点

4.8.1 膨胀土滑坡勘察，应针对膨胀土的特性及膨胀土滑坡的特点开展勘探试验工作，查明膨胀土滑坡的分布范围、膨胀土特性、滑动面位置、规模及其对公路危害程度，提出防治措施的建议。

条文说明

膨胀土富含亲水性矿物，具有胀缩性、裂隙性、超固结性等特点。膨胀土滑坡是膨胀土地区一种典型的斜坡变形现象，具有牵引性、结构与构造性、浅层性、季节性、间歇性、多次滑动性、成群分布规律等特点。

4.8.2 膨胀土滑坡地质调绘重点应包括下列内容：
1 地形地貌形态特征，包括斜坡自然坡度、高度、冲沟、坡面冲刷、剥落、地表植被生长状况等。
2 膨胀土地层时代、成因性质、地层岩性、结构构造、分布范围，有无软弱夹层等。
3 膨胀土中裂隙发育程度、形态、宽度、贯通及延伸长度、分布间距、密度，充填物性质及裂面特征。
4 膨胀土层间的软弱层、砾石层、结核层，上覆土层与下伏基岩接触面的形态、产状，下伏基岩岩性、结构面特征及含水状态等。
5 滑坡范围、滑动面位置，剪出口地形隆起情况，地下水出露情况。
6 收集当地降雨、蒸发、气温、日照等资料，确定大气影响的活动区深度。

条文说明

膨胀土是多裂隙黏性土，膨胀土地表广泛分布有张开裂隙。由膨胀土构成的斜坡，一旦被水浸润，即使地面坡度缓到6°，仍有可能产生滑坡。此类滑坡常沿土体内既有软弱结构面滑动，一般情况，滑动面（带）有清晰的镜面擦痕，滑体有明显的反翘、台阶、陡坎等。

因此，膨胀土裂隙发育深度，在一定程度上反映了膨胀土活动区的深度，也反映了膨胀土滑坡特征。

4.8.3 膨胀土滑坡勘探点、线的布置，应根据膨胀土成因类型、滑坡分布范围、滑动面情况，并结合公路构造物类型确定。勘探深度应进入滑床以下稳定岩土层或挖方路段路基设计高程以下不小于5.0m。

条文说明

  膨胀土活动区深度是自然气候作用下，由大气降水、蒸发、地温等因素引起膨胀土层反复胀缩变形的有效深度。根据研究成果，我国膨胀土活动区深度一般为2~3m，局部地区可达5m。

4.8.4 应通过测定不同深度土层含水率、温度、力学参数的变化和裂隙扩展深度，综合确定膨胀土活动区深度。

条文说明

  膨胀土浅层受降雨和蒸发影响较大，含水率变化较为明显，在一定深度处，土层含水率受气候影响已相当微弱，可以将含水率由急剧变化到稳定的临界深度看作是膨胀土的活动区深度。

  将某一地区膨胀土在一年或多年内地温沿土层随深度变化绘制成曲线，变化幅度由大变小较为明显的深度可以看作为膨胀土的活动深度。

  静力触探试验比贯入阻力能较好地反映土层的物理力学特性，地表土体风化强烈，比贯入阻力最小，随着深度增加，土体风化程度减弱，比贯入阻力逐渐增大，直到一定深度处，强度显著提高，该处以上土层为活动区。

  膨胀土在周围环境作用下，土体经过多次往复循环的缩胀变形，原有结构发生破坏，产生裂隙，强度显著降低，土体强度的降低为膨胀土活动区的划分提供了依据。

4.8.5 在膨胀土的基本物理力学性质试验的基础上，还应进行下列试验工作：

  1 应测定膨胀土自由膨胀率、标准吸湿含水率及高岭石、蒙脱石和伊利石含量，进行膨胀土的判别及膨胀潜势的分级。

  2 应进行膨胀土的膨胀力、有荷膨胀率和无荷膨胀率的试验，确定膨胀土的膨胀力和胀缩总率。

  3 应结合滑动条件和工程条件，对滑动面（带）膨胀土进行饱水剪切、重复直剪、滑动面（带）重合剪、环状剪切等试验，确定膨胀土峰值强度和残余强度。有条件时，可进行现场大型剪切试验。

条文说明

  由于膨胀土的裂隙发育，室内剪切试验的试件尺寸较小，不能很好地反映现场膨胀土的裂缝分布情况，其试验获得的抗剪强度值往往偏大。现场大型剪切试验能较好地反映含裂隙膨胀土的强度特征，较准确地确定含裂隙膨胀土的峰值强度和滑动面（带）膨胀土残余强度。有条件时，要求进行现场大型剪切试验。

4.9 黄土滑坡勘察要点

4.9.1 黄土滑坡勘察，应针对黄土的特性及黄土滑坡的特点开展综合地质勘察工作，查明黄土滑坡分布范围、黄土成因、地层时代、黄土裂隙分布、黄土层下伏地层岩土性质及其不同岩土层接触面形态特征，确定滑坡滑动面位置、滑坡规模及其对公路危害程度，提出防治措施的建议。

4.9.2 黄土滑坡勘察应重点查明下列内容：
1 不同时代、不同成因的黄土层及下伏砂砾层或基岩等分布层次，不同岩土层接触面形态、倾斜情况及与临空面的组合关系。
2 不同岩土层间含水状态，黄土层中含上层滞水的土层、含水砂层与钙结核层的分布形态及含水状态。
3 与含水层相接触的黄土受水浸湿的厚度，浸水软化后黄土的抗剪强度。
4 湿陷性黄土分布范围、层位、厚度与湿陷等级。
5 各层黄土的渗水条件，含水层与隔水层的分布情况，地下水水位、水压、补给来源与方式，以及后缘是否存在断裂构造或地裂缝的补水构造。

条文说明

除风成块状黄土外的呈层状结构分布的黄土，包括新黄土、堆积黄土、洪积黄土、冲积黄土等。由于黄土组成以粉粒为主，含钙质，受水浸软后在下伏层面倾斜6°时即可滑动，所以，对呈层状结构黄土滑坡勘察重点在查明各黄土层的浸水条件、含水层与隔水层的分布、被水浸湿的土层与临空面的倾斜关系，以及黄土浸水软化后的 c、φ 值。

4.9.3 黄土滑坡地质调绘重点应包括下列内容：
1 新、老黄土的分界面，古土壤层、粉细砂层、砂砾卵石层、钙质结核等夹层的分布和倾斜度，与下伏岩层接触面的形态、倾斜度和含水状态。
2 黄土柱状节理、卸荷裂隙等的分布、发育程度、组合关系情况。
3 新构造发育地区老黄土中构造裂隙的组合分布，特别是倾向临空面的裂隙产状和受水、气作用的情况。

条文说明

古土壤层系指老黄土形成过程中，在堆积间隔期间，由于生物化学作用所形成的紫红色土壤层，被后期堆积物掩埋而形成夹层。在老黄土中的古土壤层主要分布在第四系下、中更新统地层中，有数层至十余层不等，单层厚度不大于1m，物理力学性质较上下层黄土差，但该层有地下水活动时，往往会沿该层形成滑动面（带）。岩层顶面的风化层含黏土成分较多，也易形成滑动面。

4.9.4 覆盖在基岩斜坡上的黄土滑坡勘察，应重点查明黄土底部与基岩之间的接触关系，基岩面倾向及与临空面关系，基岩地下水的分布位置、水位、水压及富水程度，底层黄土浸湿厚度及黄土软化后的抗剪强度。

4.9.5 在黄土基本物理力学性质试验的基础上，还应进行下列试验工作：
1 黄土湿陷性试验，包括湿陷系数、自重湿陷系数、湿陷起始压力试验等。
2 应结合滑动条件和工程要求，选择进行不同含水率的直剪、饱水剪切、重复直剪、滑动面（带）重合剪、环状剪切等试验，确定黄土不同含水率的峰值强度和滑动面黄土残余强度。有条件时，可进行现场大型剪切试验。

条文说明

黄土滑坡的岩土试验，在基本物理力学性质试验的基础上，还要包含两方面的试验：
（1）对于湿陷性黄土，需进行黄土湿陷性试验，包括湿陷系数、自重湿陷系数、湿陷起始压力试验等。
（2）滑动面（带）黄土抗剪强度试验包括峰值强度和残余强度试验，由于黄土组成以粉粒为主，对水很敏感，因此，要根据其含水状态进行不同含水率的剪切试验。对已有滑动面（带）的残余强度试验，要结合滑动条件和工程要求来选择做重复直剪试验、滑动面（带）重合剪试验、环状剪切试验。

4.10 填土滑坡勘察要点

4.10.1 填土滑坡勘察应重点查明下列内容：
1 填土滑坡的原始和现有地貌类型、地形起伏和填筑界面的变化情况。
2 填土层的分布情况，不同土层的物质组成、物理力学性质、含水状态等。
3 填土层之下的地基土分布情况、厚度、物理力学性质、软弱土层分布情况，以及基岩埋深、岩石性质、风化破碎程度、岩层产状及基岩面分布情况。
4 地下水分布情况，地表与地下排水系统及排水设施的完整性及使用状况。
5 填土滑坡变形的周界形状，裂缝分布位置、形态、产生时间和变化情况，滑动面特征，剪出口情况，产生变形失稳的原因。

4.11 岩质滑坡勘察要点

4.11.1 岩质滑坡勘察应针对结构面控制滑坡的特点，采用综合勘察手段，查明岩质滑坡的破坏形式、分布范围、滑动面位置及岩土性质、规模及其对公路危害程度，提出滑坡防治措施的建议。

条文说明

岩质滑坡包含破碎岩体滑坡、层状岩体滑坡和块状岩体滑坡。破碎岩体滑坡发生在构造破碎带或风化破碎严重的岩体中；层状岩体滑坡发生在层状结构的沉积岩或变质岩中，主要受岩层内存在的各种软弱结构面或泥化夹层、节理裂隙所制约，顺倾向临空面的层面下滑或沿缓倾角软弱结构面滑动；块状岩体滑坡多为沿构造节理或断层产生的组合式滑动。

岩质斜坡地段，需注意潜在滑坡的识别、判断和勘察。

4.11.2 破碎岩体滑坡地质调绘重点应包括下列内容：
1 破碎岩体的分布范围、厚度、风化破碎程度及胶结情况；
2 断层产状、性质，上、下盘接触面特征，断层泥、糜棱带的部位；
3 各类结构面、泥化夹层、节理裂隙等的性质与分布发育情况；
4 可能产生主滑动带岩土的分布、厚度、松散程度和含水状态；
5 地下水发育程度及其与滑坡的关系。

4.11.3 破碎岩体滑坡勘探应重点查明下列内容：
1 破碎岩体的组成、岩石软化性能及抗剪强度；
2 顺坡向的软弱破碎带、断层破碎带、错动带等软弱结构面的分布层数、层位、产状、规模、破碎带岩土性质及抗剪强度；
3 滑动面（带）岩土性质及在浸水条件下抗剪强度；
4 滑动面（带）水的分布状况、水压、补给条件与方式。

条文说明

沉积岩、变质岩和岩浆岩的破碎岩体由于成因不同，其勘察重点也有区别。

破碎沉积岩常产生切层滑坡和顺层滑坡。对于切层滑坡，重点是查明错动带的层数，软弱破碎带的产状、厚度、岩土性质及浸水条件下抗剪强度；对于顺层滑坡，从坡体构造入手，查明顺坡软弱结构面（软弱破碎带、断层等）的产状、规模、破碎带岩土性质及岩土的软化性能、浸水条件下抗剪强度。

破碎变质岩体滑坡，需从坡体构造入手，重点查明倾向临空面的缓倾构造结构面的组数及其贯通条件、组成裂面的岩土的水化性质和卸荷裂隙形成的条件；软弱岩体与破碎岩体的分布、每块软弱破碎岩体的性质、彼此依附关系及水文地质条件；以及高陡坡下软岩处的破碎情况、应力条件和抗压强度以及破碎软岩在浸水条件下抗剪强度，可能产生滑动面（带）的位置及其产状。

破碎岩浆岩体滑坡，需从岩浆岩侵入顺序、岩脉、断层等入手，重点查明不同岩浆岩生成的先后顺序，岩脉的岩性、产状及与坡体关系；断层带的规模、产状及与坡体关系、断层带岩土的水化作用；多次岩浆岩侵入地段侵蚀基准面以上软、硬岩石的组成，破碎带和地下水的分布。

煤系地层滑坡也属于破碎岩体滑坡，多为煤层（炭质泥岩）与灰岩、砂岩互层或混杂组合，岩体多呈破碎状。其滑动面（带）随着临空高度的变化而变化，并以牵引式滑坡为主。

4.11.4 层状、块状岩体滑坡地质调绘重点应包括下列内容：
    1 岩体结构特征、性质、成层与节理发育情况；
    2 软岩与硬岩接触带、顺坡结构面等在斜坡上的产状变化，层间错动情况，以及软弱夹层在临空面上出露的位置；
    3 构造裂隙面的组数、组合、产状、宽度、长度、贯通性、充填情况、力学性质，以及地下水活动情况。

4.11.5 层状岩体滑坡勘探，应根据岩体性质和坡体结构特点，查明滑动面（带）生成的部位、产状及其滑动机制，并重点查明下列内容：
    1 倾向临空面的泥化夹层、层间错动带、断层或劈理带、不同岩性和不同时代的地层接触带、不整合或假整合面等顺层结构面分布部位、产状、含水状态、浸水软化后的抗剪强度；
    2 层间水的分布、类型和水压，以及补给来源与补给方式；
    3 巨厚硬岩与下伏软岩的组合地层中，沿陡立裂面分割的硬岩对下伏软岩的压应力，下伏软岩的允许强度；在上部硬岩压应力作用下，下伏软岩的变形情况；水文地质条件的变化，地表水流或河流冲刷以及开挖对其影响；
    4 滑床以下岩体性质及其对预应力锚索的抗拔能力。

4.11.6 块状岩体滑坡勘探，应重点查明岩体的完整性、结构面产状、滑动带的性质，以及其间地下水分布、补给条件和补给方式等。

条文说明

块状岩体滑坡因其成因不同而组成的岩体各异，但滑坡主要受岩层内存在的各种软弱结构面或泥化夹层所制约，主滑动面（带）多依附于基岩内倾向临空面的相对含水的软弱夹层、构造破碎带和风化破碎的岩脉穿插带等生成。

5 滑坡稳定性分析评价

5.1 一般规定

5.1.1 滑坡稳定性评价，应根据滑坡的性质、规模、诱发因素、滑坡变形状况、滑坡区的工程地质和水文地质条件等，采用定性与定量相结合的综合评价方法，确定滑坡的稳定状况，预测滑坡发展趋势。

5.1.2 滑坡稳定性的定性分析应综合考虑地质环境因素、诱发因素、公路通过滑坡区的部位及其构筑（造）物类型等，采用工程地质类比法、几何图解法、多因素层次分析法等进行综合分析。

条文说明

地质环境因素包括滑坡及其附近范围地形、地貌，滑坡体的坡度、坡高、分布范围等形态，滑坡体物质组成、岩土性质、岩土抗剪强度、抗风化和抗软化能力及渗透性能，滑体结构类型，地下水的埋藏条件、补给来源、径流、排泄、潜蚀及动态变化，以及滑坡体发育阶段及稳定状况。

诱发因素包括降雨作用、坡脚开挖、坡面堆载、地震作用、施工爆破、河流冲刷、水位变化、冻融作用、灌溉水下渗、采空塌陷等。

公路通过滑坡区的不同部位及其构筑（造）物类型不同，对滑坡稳定性的影响也不同，同时滑坡对公路危害程度也不相同。一般情况下，公路以路堤通过滑坡前缘、以路堑通过滑坡后缘能增加滑坡稳定性。

工程地质类比法是借鉴已有滑坡的工程案例资料和数据，全面分析比较所研究的滑坡与已有滑坡之间的自然环境、地形地貌、地层岩性、工程地质条件、水文地质条件、滑坡形成与演化过程、变形主导因素和发育阶段等方面的相似性和差异性，定性评价滑坡的稳定性，预测滑坡的发展趋势。

5.1.3 滑坡稳定性的定量分析应采用极限平衡法，地质复杂、规模大的滑坡稳定性可结合数值模拟进行综合评价。

5.1.4 对滑坡稳定性计算结果应结合滑坡地形地质条件、变形迹象和稳定状态等进行校核，验证评价结论的准确性。

5.1.5 滑坡正常工况下稳定状态可按表5.1.5确定。

表5.1.5 滑坡稳定状态划分

滑坡稳定状态	不稳定	欠稳定	基本稳定	稳定
滑坡稳定系数 F_s	$F_s < 1.0$	$1.0 \leq F_s < 1.05$	$1.05 \leq F_s < K_s$	$F_s \geq K_s$

注：K_s 为滑坡稳定安全系数，按表5.2.3确定。

5.2 滑坡防治工程安全标准

5.2.1 滑坡稳定性分析时，应考虑使用年限内下列作用及其组合：
1 永久作用，包括滑体自重、滑体上建筑物产生的附加荷载等；
2 可变作用，包括汽车荷载，滑动面（带）地下水的静水压力和动水压力，邻河（水库）或滨海的岸边水流冲刷和水位升降产生的作用力，水气冻融循环产生的冻胀力，膨胀土产生的膨胀力，雪水融化和雨季暴雨渗入滑体裂缝产生的动、静水压力，以及作用在滑体上的施工临时荷载等；
3 偶然作用，包括地震作用力。

5.2.2 滑坡稳定性分析应根据作用于滑坡体的荷载状况、作用力出现的频率和持续时间的长短，考虑下列三种工况：
1 正常工况，公路投入运营后经常发生或持续时间长的工况；
2 非正常工况Ⅰ，公路滑坡处于暴雨或连续降雨状态下的工况；
3 非正常工况Ⅱ，公路滑坡处于地震作用状态下的工况。

5.2.3 滑坡稳定系数不得小于表5.2.3所列稳定安全系数值。对非正常工况Ⅱ，滑坡稳定安全系数应符合现行《公路工程抗震规范》（JTG B02）的规定。

表5.2.3 滑坡防治工程设计稳定安全系数

滑坡防治安全等级	稳定安全系数 K_s	
	正常工况	非正常工况Ⅰ
Ⅰ	1.20～1.30	1.10～1.20
Ⅱ	1.15～1.20	1.10～1.15
Ⅲ	1.10～1.15	1.05～1.10

注：1. 高速公路、一级公路滑坡防治，地质条件复杂或危害程度严重、特严重时，稳定安全系数可取大值；危害程度较轻时，稳定安全系数可取小值。
2. 滑坡影响区域内有桥梁、隧道、高压输电塔、油气管道等重要建筑物，以及村庄和学校时，稳定安全系数可取大值。
3. 水库区域公路滑坡防治，周期性库水位升降变化频繁、高水位与低水位间落差大时，稳定安全系数可取大值。
4. 临时工程，稳定安全系数可取1.05。

5.3 滑坡岩土体抗剪强度指标

5.3.1 滑坡岩土体力学参数，应根据室内外试验值、相同地质条件下类似滑动面（带）岩土的经验值和反算分析值，并结合滑坡可能出现的最不利情况，综合对比分析确定。

5.3.2 选取滑动面（带）土的抗剪强度指标时，应根据下列情况采用一定年限内可能出现的最小c、φ值：
1 应考虑一定年限内促使抗剪强度变化的各因素可能出现的最不利组合情况。
2 应考虑防治工程修建对滑动面（带）土的c、φ值变化的影响，防治工程发生作用之前所需要的时间，以及公路营运期滑坡岩土体长期性能变化情况。
3 应考虑选用的c、φ值的可靠性。

5.3.3 滑动面（带）土的抗剪强度指标应根据滑坡受力状态、物质成分、滑动面形态、含水状态等进行分段选取，并应符合下列规定：
1 处于蠕动阶段、滑坡体内未曾有过位移的潜在滑动面（带）的滑坡，以及潜在滑坡，宜采用峰值强度指标。
2 处于整体滑动状态或已出现滑移的滑坡，宜采用残余强度指标。
3 处于变形阶段的滑坡，可在峰值强度指标与残余强度指标之间取值，并结合反算强度值，进行综合选取。

5.3.4 结构面抗剪强度指标取值应符合下列规定：
1 硬质结构面应取峰值强度的小值平均值。
2 软弱夹层及软弱结构面应取屈服强度。
3 泥化夹层应取残余强度。

条文说明

小值平均值系对于一组数据先求其平均值，然后取该组数据中小于平均值的数据再求其平均值，即为小值平均值。

5.3.5 已经产生的滑坡或有滑动迹象的滑坡，可采用反算法确定滑动面（带）土的抗剪强度指标，并应遵循下列原则：
1 反算方法宜采用综合c、φ法。对滑动面（带）土以黏质土为主或黏粒包裹粗颗粒的滑坡，可采用综合c法；对滑动面（带）土以粗粒岩屑、砂粒或硬质岩石的风化残积土为主的滑坡，可采用综合φ法。
2 反算时，宜根据不同部位滑动面（带）的物质组成、密实度和含水状态等情况，结合试验值和经验数据，给定牵引段、抗滑段滑动面（带）的抗剪强度值，反算主滑段滑动面（带）的抗剪强度值。

3 反算时，应根据滑动迹象和变形特征，判断滑坡所处的滑动状态，确定滑坡稳定系数。当滑坡处于整体蠕动状态时，滑坡稳定系数可取 1.0～1.05；当滑坡处于整体滑动状态时，滑坡稳定系数可取 0.95～1.00。

4 反算法不宜用于潜在滑坡。

5.4 滑坡稳定性分析与计算

5.4.1 滑坡稳定性计算之前，应根据滑坡地形地貌形态的演变、地质条件、滑动因素的变化和滑动迹象及其发展等，进行滑坡稳定性的综合定性分析，确定滑坡边界范围、性质和主滑方向，分析滑坡的形成机制、破坏模式、诱发因素，判断滑坡当前所处的变形阶段、稳定状态及发展趋势。

5.4.2 滑坡稳定性的定性分析应包括下列工作：

1 应根据已变形的斜坡与周围稳定斜坡的地貌特征，以当地类似地质条件下的各类滑坡在不同发育阶段的地貌特征为依据，进行滑坡地貌形态演变对比分析。

2 应根据滑坡工程地质平面图、断面图、滑床顶面等高线图及滑坡体内过湿带的变化等，以当地类似地质条件下的地质断面特征为依据，进行滑坡地质条件对比分析。

3 应从分析滑动因素的变化入手，找出影响滑动的主要作用因素。

4 应根据不同滑动阶段的滑动迹象和滑坡变形监测数据信息分析，判断滑坡当前所处的变形阶段和稳定状态。

5.4.3 滑坡稳定性计算应以定性分析为基础，并应符合下列要求：

1 应根据滑坡地形地貌、工程地质条件以及滑体各部位的变形特征等，分区段选择有代表性的断面进行稳定性计算。

2 滑坡稳定性计算工况应根据滑坡所处的条件确定。降雨对滑坡稳定性影响大时，应计算暴雨或连续降雨工况下滑坡稳定性；地震动峰值加速度大于或等于 $0.10g$ 的地区，应计算地震工况下滑坡稳定性。

3 对存在多个滑动面的滑坡，应分别对各个滑动面及其组合进行稳定性计算分析，综合考虑深层滑动面（带）的整体稳定性，并取最小稳定系数和最深层滑动面（带）作为设计控制。

5.4.4 排水工程和临时工程对滑坡稳定系数的提高值可作为设计安全储备，在稳定性分析时可不予考虑。采用排水隧洞时，滑坡稳定性计算应考虑其提高滑动面（带）土的抗剪强度、降低地下水位等有利滑坡稳定的作用和影响。

条文说明

对于地下排水设施的长期效果，其对提高滑坡稳定系数的贡献值尚难以做到定量评价。另一方面，排水孔在使用一定年限后，易产生淤堵而失效，据国外研究，黏质土层中使用年限一般为5～6年，碎石土中使用年限一般为6～10年。因此，常将常规排水工程的效果作为安全储备。

排水隧洞能有效地降低地下水位、提高滑动面（带）土的抗剪强度，且长期排水效果良好。在计算设置排水隧洞后的滑坡稳定性时，需适当提高滑动面（带）土的c、φ值。

5.4.5 滑坡稳定性计算应根据滑动面的形态和破坏模式，合理选择计算方法。滑动面为圆弧形时，宜采用简化Bishop法；滑动面为折线形时，宜采用传递系数法。对由两组及其以上节理、裂隙等结构面切割形成楔形滑体的滑坡，宜采用楔体法。

条文说明

滑坡稳定性定量计算有多种方法。对于圆弧滑动面滑坡稳定性计算，以往我国公路部门多采用瑞典条分法，而这种方法不考虑条间作用力，根据滑动面的力矩平衡而求出稳定系数，计算精度不高，算出的稳定系数偏低。简化Bishop法可以考虑土条之间的水平作用力，而忽略土条间摩擦力之差，是一种公认的具有足够精度、可满足工程需要的方法。

5.4.6 沿河（水库、滨海）地段滑坡应考虑水位升降对滑坡稳定性的影响，滑坡稳定性计算宜采用有限元等数值分析方法，进行渗流场计算和考虑流固耦合的滑坡稳定性专题研究确定。

条文说明

渗流对滑坡体稳定性影响，工程上通常有下列方法确定：

（1）渗透力和浮重度的分析法。该方法直接考虑渗透力，渗透力取决于流网，计算工作量大，适合于数值计算。

（2）渗透压力和饱和重度分析法。渗透压力表示流动水体所具有的动水压力，与静水压力一样，垂直于作用面。该方法是目前国内外大中型水库设计中常用的方法。

（3）滑坡稳定计算有效应力计算方法。需要精确地测定岩土体的孔隙水压力，岩土体的抗剪强度指标采用有效强度指标。

5.4.7 考虑地震作用的滑坡稳定性计算应符合现行《公路工程抗震规范》（JTG B02）的有关规定。

5.4.8 对复杂的大型Ⅰ级滑坡防治工程的稳定性分析，必要时可采用基于强度折减的有限元分析法计算滑坡的稳定系数。

条文说明

由于强度折减法已广泛用于滑坡稳定性的数值计算中。目前应用强度折减法计算时，多采用同步折减参数 c 和 $\tan\varphi$，但仍保持表征材料抵抗变形特性的指标 ν（泊松比）不变，导致边坡内部的塑性区会被严重夸大，影响了计算结果的准确性。

为提高计算的准确性，在强度折减过程中需相应地调整泊松比 ν，使其 $\varphi - \nu$ 关系满足不等式：$\sin\varphi \geq 1 - 2\nu$。

5.4.9 滑坡推力计算宜采用传递系数法，正常工况下滑坡推力宜按式（5.4.9-1）计算，条块作用力系如图5.4.9所示。滑坡推力计算应符合下列要求：

1 应根据拟设支挡工程位置计算滑坡推力，确定公路使用年限内各种最不利条件与作用因素可能组合下滑坡在各个拟设支挡工程部位的最大推力。

2 滑动面（带）土 c、φ 取值应考虑滑坡防治工程修建对滑坡岩土体长期性能的影响。

3 对计算结果应结合有关工程经验或工程地质类比法分析进行校核。

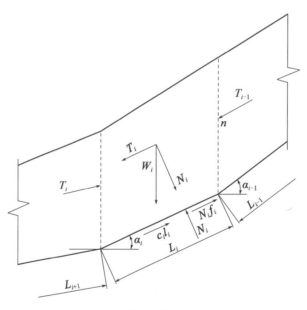

图5.4.9 典型条块力系示意图
N_i-法向反力；$N_i f_i$-切向反力

$$T_i = K_s W_i \sin\alpha_i - W_i \cos\alpha_i \tan\varphi_i - c_i L_i + \psi_i T_{i-1} \quad (5.4.9\text{-}1)$$

$$\psi_i = \cos(\alpha_{i-1} - \alpha_i) - \sin(\alpha_{i-1} - \alpha_i)\tan\varphi_i \quad (5.4.9\text{-}2)$$

式中：T_i、T_{i-1}——第 i 和第 $i-1$ 滑块剩余下滑力（kN/m），其作用力方向与相应滑块底边平行；

K_s——稳定安全系数，按本规范表5.2.3确定；

W_i——第 i 滑块的自重力（kN/m）；

$α_i$、$α_{i-1}$——第 i 和第 $i-1$ 滑块对应滑面的倾角（°）；

$φ_i$——第 i 滑块滑面内摩擦角（°）；

c_i——第 i 滑块滑面岩土黏聚力（kN/m²）；

L_i——第 i 滑块滑面长度（m）。

$ψ_i$——传递系数。

条文说明

  滑坡推力计算一直是滑坡稳定性分析及滑坡治理抗滑工程设计中的一个核心问题。计算方法主要有传递系数法、基于极限平衡方法的虚拟力法或基于数值模拟方法的耦合力法。

  传递系数法计算滑坡推力概念清晰，计算简便，在滑坡稳定性分析和推力计算中被广泛采用。传递系数法计算包括剩余下滑力和剩余抗滑力计算，滑坡推力为两者之差。当上一条块推力为负值时，取零值。计算非正常工况下滑坡推力时，还需考虑静水压力、动水压力、地震力等。

  基于极限平衡方法的虚拟力法是在拟设支挡加固工程部位虚拟一个滑坡推力的平衡反力，以计算稳定系数达到或满足稳定安全系数为计算结果。

  基于数值模拟方法的耦合力法是在数值模拟分析中以设计稳定安全系数进行强度折减，滑坡岩土与支挡结构相互作用力视为滑坡推力。

6 滑坡防治设计要点

6.1 一般规定

6.1.1 滑坡防治设计应根据滑坡区地形地质条件、滑坡性质、成因、规模、稳定状况及对公路危害程度，分析滑坡的发生条件、发展趋势及主要诱发因素，确定滑坡防治技术对策与工程措施。

6.1.2 路线难以绕避滑坡或潜在滑坡区时，应根据滑坡或潜在滑坡区地形地质条件，合理布设线位和确定路基设计高度。路线通过滑坡前缘时，宜采用路堤方案；路线通过滑坡后部时，宜采用路堑方案。

条文说明

　　路线难以绕避滑坡或潜在滑坡区时，选择合理的路线线位与路基断面形式，对防治滑坡具有重要的作用。以路堤通过滑坡前部，可以增加滑坡的抗滑力；以路堑通过滑坡后部，可以减少滑坡的下滑力。这两种措施均能提高滑坡的稳定性，有效地降低滑坡防治的工程难度和工程费用。地形条件许可时，要优先考虑在滑坡前缘设路堤的路线方案，充分利用路堤填土反压，提高滑坡稳定性。

6.1.3 滑坡防治设计应根据滑坡稳定性评价结果和保护对象的要求，进行多方案的技术经济比较，因地制宜，采取截排水、填土反压、削方减载、支挡加固等相结合的综合防治措施。

条文说明

　　滑坡的形成和发展是多因素作用的结果，防治设计时要根据防治对象的要求，分清主次，因地制宜，灵活应用各种防治技术，综合治理。合理的防治方案不仅能预防滑坡复活，快速稳定滑坡，而且能节约防治工程费用；反之，不合理的防治方案不能根治滑坡，留下工程隐患，还会增大投资，甚至会贻误滑坡防治的时机，使滑坡产生恶化，造成灾害。

　　选择滑坡防治方案时，要综合考虑下列因素：

　　（1）正确判定滑坡的性质、规模和稳定状态是制定方案的基础；

(2) 防治目的和原则是制定方案的根据;
(3) 详细分析各种防治措施的适用条件及其对滑坡的适用性;
(4) 对以保护桥隧为主要目的的滑坡设计,要重点考虑协调变形对桥隧的影响;
(5) 方案的可靠性、耐久性、经济性,对社会环境的影响及施工的难易度等。

6.1.4 以路堤通过滑坡前缘时,应采取下列措施:
1 路堤应采用砂砾、碎石等透水性好的材料填筑,当透水性材料缺乏时,路堤底部应设置排水垫层;泉水流量较大时,应设置暗沟。
2 应根据滑坡地形地质条件和剩余下滑力,结合路堤高度和断面形式,选择合适的位置设置抗滑支挡工程。

6.1.5 以路堑通过滑坡后部时,路堑宜采用台口式路基断面,并应采取下列措施:
1 在不致形成后级滑坡时,路堑边坡宜采用"宽平台、缓坡率"断面形式,进行削方减载;地形地质条件不适宜削方减载时,路堑边坡宜采用台阶式,并根据边坡稳定情况进行防护加固。
2 应根据路堑开挖后滑坡稳定状况及其对路基稳定性的影响程度,在挖方路基外侧设置抗滑桩、预应力锚索等。

条文说明

台口式路基是指以自然边坡为下边坡,全部开挖而成的路基。

6.1.6 地表水汇集或地下水较丰富的滑坡,应根据滑动面(带)出口的位置与路基顶面的关系,按下列原则设置完善的截排水设施:
1 滑动面(带)出口低于或位于路基顶面时,应在路基内侧设置截水渗沟或暗沟,截排滑动面(带)的地下水。
2 滑动面(带)出口高于路基顶面时,应根据边坡岩土性质及滑动面(带)的出水情况,在边坡上设置支撑渗沟或仰斜式排水孔等。
3 设置抗滑挡墙时,应在墙背设置排水渗沟;设置抗滑桩时,应在桩间含水软弱土层中设置支撑渗沟,防止桩间土体产生挤出破坏。
4 滑坡规模大,且地下水对其稳定性影响大时,可考虑地下排水隧洞方案。

条文说明

水是诱发滑坡的主要因素之一。排水工程有利于提高滑坡滑动面(带)岩土强度、减少滑坡的下滑力,进而提高滑坡稳定性,是滑坡防治的有效工程措施。

由于补给滑动面(带)的地下水的来源、性质和流量不同,滑动面(带)土性质不同,以及滑坡出口位置与路基顶面之间的关系不一样,则选择截排水方案及排水设施类型也有所不同。设计时，要因地制宜，充分考虑补给滑动面（带）水的通道、方式在空间分布上变化情况，各种截排水设施的适用条件及其对具体滑坡的适应性，所选取的截排水设施能疏干的水量及其时效性等。

6.1.7 规模大、性质复杂、变形缓慢且短期内难以查明其性质的滑坡，可全面规划、分期治理。分期治理时，应保证各种因素的变化过程中不影响公路运营的安全性。

6.1.8 工程可行性研究阶段，应进行绕避大型滑坡的路线走廊带方案比选；难以避免时，应根据滑坡性质、规模及对公路工程的危害程度，进行滑坡防治工程的技术可行性及经济性论证，制定滑坡防治工程方案。

条文说明

工程可行性研究阶段，滑坡防治设计主要任务是进行绕避与治理方案的比选。首先，进行路线绕避大型、巨型、性质复杂滑坡的可行性论证；其次，无法绕避或绕避成本过高时，进行滑坡治理工程的多方案比选，提出可行的治理方案，确定工程造价，为工程决策提供依据。

6.1.9 初步设计阶段，应结合路线平面和纵面设计，根据滑坡性质、成因类型和危害程度，针对滑坡发生发展的主要因素，进行滑坡防治工程的方案比选，并做好滑坡防治工程方案的总体设计和主要防治工程结构设计。

条文说明

初步设计阶段滑坡防治设计包括公路线位选择与滑坡治理方案比选。首先，在不能绕避滑坡时，结合路线平面和纵面设计，合理选择公路路线通过滑坡地段的位置和构筑物形式，减轻滑坡的危害程度。其次，在定量评价滑坡稳定性的基础上，进行滑坡治理工程方案比选，合理确定推荐方案，并做好滑坡防治工程方案的总体布置设计和主要防治工程结构设计。

6.1.10 施工图设计阶段，应在初勘和初步设计的基础上，进一步优化滑坡防治工程方案，确定各种防治工程的位置和结构形式，进行相应的工程结构设计计算，并提出滑坡防治工程的实施顺序、施工工艺、应急处治措施、现场监测等技术要求。

6.2 滑坡预防设计要点

6.2.1 滑坡地段地质选线应符合下列要求：
1 当滑坡规模小、边界条件清楚，防治工程方案技术可行、经济合理时，路线可选择在有利于滑坡稳定的安全部位通过。

2 路线通过稳定的滑坡时，应避免在滑坡中、后部填方或在滑坡前部挖方。

条文说明

在山区公路选线中，滑坡往往是影响公路路线方案的重要因素，尤其是稳定性差的大型滑坡和滑坡群集地段。若选线不当，不仅增加公路建设投资，而且将给公路运营留下安全隐患。

有利于滑坡稳定和路线安全的部位是指在滑坡的前部抗滑段用填方路基增加抗滑力，或在滑坡的后部主滑段用挖方路基减少下滑力。

6.2.2 具有滑坡产生条件或因修建公路可能产生滑坡地段的公路工程地质选线应符合下列要求：

1 应减少对山体稳定条件的削弱和破坏。

2 路线不宜与大断裂平行，避免长路段通过顺层路段，不宜切割松散堆积体或风化破碎岩体的坡脚。

3 越岭地段路线应绕避岩层严重风化破碎带或构造破碎带形成的垭口；在山坡同一侧展线时，上、下线位应避免相互影响。

6.2.3 路基设计宜避免高路堤与深路堑。当路基中心填方高度超过20.0m、中心挖方深度超过30.0m时，宜结合路线方案与桥梁、隧道等构造物或分离式路基做方案比选。当土质边坡高度大于20.0m、岩质边坡高度大于30.0m时，应按工点进行边坡稳定性评价和边坡稳定设计，并应符合现行《公路路基设计规范》（JTG D30）的有关规定。

6.2.4 高边坡、特殊岩土和不良地质地段路基设计，应结合路线平面和纵面优化设计，合理确定线位、路基横断面形式及边坡坡率，做好路基排水和防护支挡设计，采取预加固措施后方可开挖边坡，避免路基病害。

6.2.5 桥址位于松散破碎岩土体、顺层边坡或潜在滑坡时，应充分考虑桥台（墩）基础开挖、弃渣、施工用水和环境因素变化等对坡体稳定性影响，进行斜坡稳定性评价，因地制宜，采取排水、支挡加固后，方可开挖基坑。

条文说明

山区松散破碎岩土体、顺层边坡地段桥梁基础施工中，时常出现坡体变形破坏现象。诱发病害的原因主要是对顺层边坡稳定性认识不足、基础形式选择不当或斜坡加固措施不力。

6.2.6 隧道洞口选择，应根据洞口段坡体工程地质条件，遵循早进洞、晚出洞的原则，降低洞口边坡、仰坡高度。当隧道进、出口位于松散破碎岩体，存在潜在病害体或易形成偏压时，应先治坡、后进洞，对坡体采取减载、反压、注浆加固、抗滑支挡等综合防治措施。

条文说明

为缩短隧道长度，隧道穿越垭口，洞口多位于冲沟地带，地质条件较差，洞口段边坡、仰坡较高，加之对边坡稳定性认识不足，施工中采取的措施不够，常产生坡体失稳或老滑坡复活。

6.3 堆积土滑坡防治设计要点

6.3.1 堆积土滑坡防治设计，应根据堆积土滑坡物质成分、坡体结构、成因性质、滑动面（带）位置、规模等，分析确定堆积土滑坡的主要诱发因素、破坏模式及稳定状态，采取安全可靠、经济合理的综合防治工程措施。

条文说明

分析堆积土滑坡发生发展的条件、主要诱发因素、规模与范围时，绘制滑坡区基岩顶板、堆积土层过湿带和原有地表面等分布图是有效的分析手段。

6.3.2 厚度较大的第四系堆积土体地段挖方路基设计，当路堑边坡稳定性不足、可能沿坡体内软弱带产生滑动破坏时，应根据导致边坡失稳的诱发因素，采取卸载、排水、支挡锚固等预加固措施。

6.3.3 堆积土滑坡治理设计，应根据滑动面（带）的位置、倾斜情况和含水状态，诱发滑坡的主要因素，采取下列治理措施：
1 浅层和中层堆积土滑坡应采取截排地下水与抗滑支挡相结合的综合措施。
2 厚层堆积土滑坡应采取减载、截排地下水与抗滑支挡相结合的综合措施。
3 抗滑地段被削弱而引起滑动时，可在前部设置抗滑支挡工程，并对易受地表水和河流冲刷的岸坡进行防护支挡。

6.3.4 堆积土滑坡前缘仅具一级缓坡出口，中后部原地貌呈多级后缘弧状、陡倾、逐级下错裂缝时，宜以当前活动的后缘裂缝为界进行滑动推力计算，可在前部设置抗滑支挡工程。必要时，可在后部减载。

6.3.5 季节性中冻区、重冻区堆积土滑坡防治设计，应根据滑动面（带）的土质、含水状态与分布特征，以及冻结层土质和含冰情况等，采取设置支撑渗沟、地下排水渗沟与支挡工程相结合的综合措施。

6.4 膨胀土滑坡防治设计要点

6.4.1 膨胀土滑坡防治设计，应根据膨胀土滑坡的黏土矿物成分、胀缩特性、坡体结构、滑动面（带）位置、规模等，分析确定膨胀土滑坡的主要诱发因素、破坏模式及稳定状态，采取安全可靠、经济合理的综合防治工程措施。

6.4.2 膨胀土路基设计应采取下列预防滑坡的工程措施：
1 应避免高路堤和深长路堑。
2 膨胀土路堤设计应采用包边式路堤或无机结合料处治膨胀土。包边式路堤的底部宜设置砂砾、碎石或无机结合料处治膨胀土垫层，垫层厚度不宜小于0.5m；包边和封盖层可采用非膨胀土或无机结合料处治膨胀土，包边厚度不宜小于2.5m；封盖层采用砂砾、碎石等渗水性材料时，其底部应设置复合土工膜防渗层。
3 膨胀土路堑边坡设计应采用"宽平台、缓坡率"的断面形式，对边坡采取坡面防渗、截排水与防护支挡等相结合的综合措施，防止膨胀土滑坡。
4 膨胀土路基设计应明确连续施工、及时封闭路床和边坡坡面的要求。

6.4.3 膨胀土滑坡治理设计应采取下列治理措施：
1 根据膨胀土的胀缩等级和滑动面的埋深，对膨胀土滑坡可采取坡面支撑渗沟与坡面骨架植物防护、抗滑挡墙、抗滑桩等相结合的措施。
2 膨胀土层与下伏岩土层无不利结构面时，可结合路基断面形式，对膨胀土滑坡采取非膨胀性黏质土覆盖置换处理或设置柔性支护结构的措施。
3 已产生滑动变形的膨胀土路堤，可采取地下排水渗沟结合注浆钢管桩挡墙、抗滑桩、路堤边坡钢花管注浆加固等工程措施。

6.4.4 膨胀土滑坡排水设计应采取坡面防渗处理与截排水相结合的措施，合理布设各种排水设施，形成完善的防渗、截排水系统，并应符合下列要求：
1 滑坡后缘至最外侧环形截水沟之间的表层膨胀土，应采取换填非膨胀土或铺设防渗土工膜等防渗封闭处理措施。
2 膨胀土斜坡上宜设置支撑渗沟，控制膨胀土湿度变化，防止膨胀土开裂。当有集中的地下水时，可设置仰斜式排水孔。
3 膨胀土滑坡区的低路堤，应在路堤底部设置防渗隔离层和排水垫层。必要时，可在路堤两侧设置地下排水渗沟。
4 膨胀土滑坡区的挖方路基，边坡上宜设置支撑渗沟，边沟下应设置纵向排水渗沟，填挖交界结合部应设置排水渗沟。

6.4.5 膨胀土滑坡防护支挡工程设计应符合下列要求：

1 边坡植物防护时，应采用草灌结合的乡土植物，不应采用阔叶树种。

2 抗滑挡墙设计应综合考虑滑动面位置和埋深，以及滑体中软弱夹层面、风化带界面等层次和位置，合理确定挡墙位置；挡土墙基础埋置深度应在膨胀土活动区深度以下不小于1.0m，基底应及时采用非膨胀性黏质土或石灰处治膨胀土封闭。

3 抗滑挡墙的墙背与膨胀土体之间应设置砂砾、碎石缓冲层及反滤层，缓解膨胀土的膨胀力对挡土墙的作用影响。弱膨胀土层的缓冲层厚度不应小于0.5m，中、强膨胀土层的缓冲层厚度不应小于1.0m，反滤层可采用透水土工布。

4 抗滑挡墙、抗滑桩结构计算除应考虑剩余下滑力外，还应考虑膨胀力。

条文说明

工程实践中，膨胀土滑坡中抗滑挡墙、抗滑桩等支挡工程常发生结构变形破坏，其原因多为支挡结构与膨胀土体之间没有设置排水设施和应力缓冲层、支挡工程设计对作用于结构上的膨胀力考虑不足，使得支挡结构抗力不够。

6.4.6 采用非膨胀性黏质土覆盖置换或柔性支护结构防治膨胀土滑坡时，设计应符合下列要求：

1 置换层或柔性支护结构的厚度不应小于膨胀土活动区的深度范围，一般地区不宜小于2.5m，置换层与下伏膨胀土之间应设置排水垫层与渗沟。

2 边坡底部应设置排水垫层，排水垫层底部应沿纵向设置管式渗沟，透水管的纵向坡度不应小于2%。

6.4.7 防治膨胀土滑坡的柔性支护结构设计应符合下列要求：

1 柔性支护结构可由膨胀土分层加筋填筑压实构成，压实度不应低于湿法重型击实标准的85%，并应设置反包式土工格栅加筋层，边坡坡率宜为1:1.5。土工格栅的铺设间距、铺设范围、加筋体稳定性分析等计算应符合现行《公路土工合成材料应用技术规范》(JTG/T D32)的有关规定。

2 柔性支护结构的坡脚应采用砾石土填筑，厚度不应小于1.0m。

3 柔性支护结构的坡顶应设置排水沟，距排水沟之外5.0m应结合地形设置必要的截水沟。坡顶至截水沟范围内应采取换填非膨胀土或铺设防渗土工膜等封闭措施。

6.4.6、6.4.7 条文说明

非膨胀性黏质土覆盖置换处理或设置柔性支护结构是置换处理活动区深度范围的膨胀土，隔离气候环境对膨胀土的强度影响，阻止裂隙的发展和浅表层滑坍，保证边坡稳定，是防治膨胀土滑坡的有效措施之一。设计时，需根据具体情况，因地制宜，灵活应用。当膨胀土层与下伏岩土层之间存在不利结构面时，需验算膨胀土层沿下伏不利结构面的稳定性；当稳定性不足时，需采用其他支护措施。

6.5 黄土滑坡防治设计要点

6.5.1 黄土滑坡防治设计，应根据黄土滑坡物质成分、黄土性质、坡体结构、滑动面（带）位置、规模等，分析确定黄土滑坡的主要诱发因素、破坏模式及稳定状态，采取安全可靠、经济合理的综合防治工程措施。

条文说明

　　黄土滑坡主要有黄土层内滑坡、黄土接触面滑坡和黄土基岩滑坡等三种类型，如图6-1所示。黄土层内滑坡是指在均质或似均质黄土层内部产生的旋转式或圆弧状滑坡，可以是均质黄土的圆弧滑动，或是以下伏基岩为出口的旋转滑动。黄土接触面滑坡是指新黄土沿老黄土顶面产生的平移式滑动，或新、老黄土沿基岩顶面产生的平移式滑动。黄土层下伏基岩的滑动变形和破坏常产生黄土基岩滑坡，主要是指厚层黄土连同其下半成岩沿下伏软质岩层接触带或稳定基岩顶面产生的滑动，体现岩质滑坡的性质和特点，防治措施参见岩质滑坡防治。

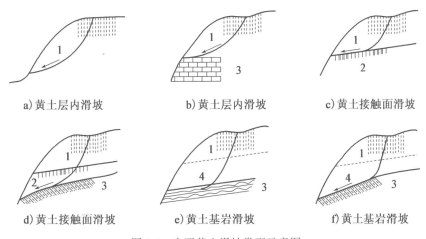

图6-1 主要黄土滑坡类型示意图
1-新黄土；2-老黄土；3-基岩；4-半成岩

　　黄土滑坡类型不同，滑坡发生条件和破坏模式也不同。防治设计时，需根据黄土结构特征、滑动面（带）位置及成因性质，辨别黄土滑坡的类型，分析其发生条件和破坏模式，才能制定有效的防治对策。

6.5.2 黄土路堑边坡设计宜采用陡坡率、宽平台的断面形式，进行边坡防护和防渗处理，并针对新老黄土或黄土与基岩的接触带设置截排水与支挡加固工程，防止产生黄土滑坡。必要时，路堑高边坡中部可设宽10.0~20.0m的平台。

6.5.3 黄土层内滑坡治理设计应以防排水工程为主，设置完善的地表排水系统，进行坡面防护和防渗处理，对坡体内地下水设置仰斜式排水孔等。必要时可设置坡脚支挡工程或坡体锚固工程。

6.5.4 黄土接触面滑坡治理设计，应根据接触面含水状态和下伏岩土性质，采取下列治理措施：

1 新老黄土、黄土与基岩的接触面滑坡，应以对后部或后缘以外补给滑动面（带）的地下水采取截排水措施为主，结合后缘减载、前缘抗滑支挡及地表防渗排水等措施，进行综合整治。

2 当滑动面形态较陡、出口临空较高时，为防止产生突发性和灾难性的滑坡灾害，宜提高防护等级。

6.5.5 黄土基岩滑坡治理设计应根据地质结构、地下水分布、滑坡性质及主要的诱发因素等，采取截排水、减载与支挡加固相结合的综合措施，并应符合下列规定：

1 覆盖在软质岩层上、主滑动面（带）位于下伏软质岩顶面含水层地带的厚层黄土基岩滑坡，应以截排软质岩层顶面含水层中地下水和坡体上部减载为主，结合坡体前缘抗滑支挡、锚固工程进行综合治理。

2 覆盖在硬质岩层上、主滑动面（带）位于倾斜较陡的基岩顶面且无明显地下水补给来源的厚层黄土基岩滑坡，应采取抗滑支挡与削方减载相结合的措施。必要时可设置锚固工程。

6.6 填土滑坡防治设计要点

6.6.1 填土滑坡防治设计，应根据填土滑坡物质成分、滑动面（带）位置、破坏模式、规模等，分析填土滑坡的主要诱发因素、破坏模式及稳定状态，采取安全可靠、经济合理的综合防治工程措施。

6.6.2 稳定性不足、易产生滑动的高路堤与陡坡路堤设计，应根据地形地质条件、稳定性计算结果和影响稳定性的主控因素，合理确定边坡形式与坡率，设置完善的地表和地下截排水系统，并采取地基换填或加固处理、边坡支挡加固等措施。

6.6.3 弃土场设计时，应合理选择弃土场的位置，不得影响路基及斜坡稳定，并避让滑坡、崩塌、泥石流等不良地质体。对弃土场应采取必要的排水、防护支挡和绿化等工程措施，保证弃土场的稳定。

6.6.4 已产生滑动变形的高路堤与陡坡路堤，应根据路基横断面形式、地形地质条件、滑动面位置和滑动破坏的诱发原因，采取下列治理对策：

1 应根据渗入路堤中地下水的分布情况，在地下水渗入路堤的地带，沿垂直地下水流向的方向设置地下排水渗沟。必要时，可在路堤浸水的土层中设置仰斜式排水孔。

2　在路堤边坡中、下部或护坡道，可增设注浆钢管桩挡墙、抗滑桩、路堤边坡钢花管注浆加固或预应力锚索加固等工程措施。有条件时，可采取填土反压措施。

3　地基为软弱土地基时，应采取抗滑支挡和地基加固等综合措施。

条文说明

高路堤与陡坡路堤时常产生滑动破坏，其病害的主要诱发原因如下：

（1）斜坡路堤内部排水系统不完善，山体地下水渗入路堤，软化路基土强度，导致路堤失稳。

（2）分布有软弱地基，地基处理措施不到位。

（3）路堤填料采用水稳定性较差的软质岩石或细粒土，在气候环境影响和地下水作用下，其强度衰减较大，产生了湿化变形，导致路堤失稳。

（4）斜坡路堤基底处理不到位。

6.6.5　已产生滑动变形的弃土场，应根据弃土场地形地质条件、滑动面位置和滑动破坏的诱发原因，采取截排水、填土反压、抗滑挡墙、抗滑桩等综合措施。

6.7　岩质滑坡防治设计要点

6.7.1　岩质滑坡防治设计应根据其滑坡类型、坡体结构、滑动面（带）位置、规模等，分析确定岩质滑坡的主要诱发因素、破坏模式及稳定状态，采取安全可靠、经济合理的防治工程措施。

条文说明

岩质滑坡主要有破碎岩体滑坡、层状岩体滑坡和块状岩体滑坡等三大类型，层状岩体滑坡又分为顺层岩体滑坡和切层岩体滑坡，如图6-2所示。顺层岩体滑坡是指顺倾层状岩体沿层间错动带或软弱夹层的平移式滑动，可以是单一层面滑动，也可以形成多层顺层滑动，且容易向后牵引发展和扩大。切层岩体滑坡是指平缓或反倾层状岩体依附顺倾结构面或软弱带产生陡、缓结构面组合的转折式滑动；当上覆厚层硬岩的陡崖在下伏软弱岩层承受不了上部岩层压力的情况下而产生侧向变形时，常形成错落式滑坡，实际上也是一种切层岩体滑坡。块状岩体滑坡是指相对完整的块状岩体沿构造节理或小断面产生的组合式滑动；如果受陡、缓断裂构造切割，常发育块状构造核，容易产生构造核沿周边破碎岩石的滑动。破碎岩体滑坡是指大型断裂带的上盘破碎岩体一般存在多个倾向临空的次级小断层，经常产生多层多级的滑动；或由于破碎岩石强度控制在破碎岩体内部产生近似圆弧的滑动变形或破坏；此外，上述错落式切层岩体滑坡，如果上覆岩体破碎，也可称之为破碎岩体滑坡。

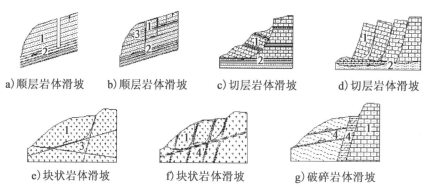

图6-2 主要岩质滑坡类型示意图
1-基岩；2-软层；3-节理；4-断层

岩质滑坡的类型一般由岩体结构特征所控制。防治设计时，需从岩体结构特征、滑动面（带）位置及成因性质等入手，辨别岩质滑坡的类型，分析岩质滑坡的发生条件、滑动破坏模式及主要诱发因素，确定岩质滑坡的防治对策。

6.7.2 岩质地段挖方路基设计应采取下列预防滑坡的工程措施：

1 路基位于岩层顺倾斜坡地段时，应避免深挖。当顺层岩质路堑边坡高度不大时，宜结合岩层产状确定稳定坡率。

2 软质岩地段不宜设计高陡路堑边坡；风化严重的软质岩高边坡设计宜采用缓坡率、宽平台的断面形式，并加强坡脚支挡和地下排水工程措施。

3 错落体的中下部不宜开挖路堑边坡，防止因削弱坡脚支撑而诱发错落体转化为错落性滑坡。

4 风化严重、构造作用强烈、节理裂隙发育地段，路堑边坡设计应根据不利结构面或结构面组合特征，采用边坡锚固等支挡加固工程。

5 大型断裂构造带、构造作用强烈、节理裂隙极发育、岩体结构破碎等地段，路堑边坡设计，宜采用缓坡率、宽平台的断面形式，并采取坡脚支挡和边坡锚固相结合的措施。必要时，可设置坡体排水工程。

6.7.3 顺层或顺倾岩质路堑高边坡设计，应根据边坡稳定性分析计算，遵循少开挖、预加固的原则，采取顺层削方和边坡预加固相结合的工程措施，防止产生顺层滑坡，并应符合下列要求：

1 顺层边坡削方时，不宜切断岩层面。当必须切断岩层面时，应先加固后开挖。

2 顺层岩质边坡可能产生多层、多级滑动时，应在分析各级边坡稳定性的基础上，合理确定清方范围、深度及坡率，并采取分层支挡或预应力锚固措施。

3 顺层削方后的边坡采用预应力锚固时，应根据所锚固边坡的下滑力和锚固传力结构与坡面的摩阻力，合理确定锚索（杆）的锚固角。

4 顺层削方后的边坡坡脚设置抗滑挡墙时，应考虑挡墙基础开挖所引起的岩体卸载松弛、降雨等对边坡稳定性的影响。必要时，应对挡墙内侧临时开挖边坡进行锚杆支护。

条文说明

顺层或顺倾边坡是指岩层走向和倾向与边坡的走向和倾向一致的边坡。实际工程中，常将坡面走向与岩层走向夹角小于20°、倾向接近的边坡也视为顺层边坡。

顺层高边坡设计，要根据不同的坡体结构特点和破坏模式，采取不同的病害防治工程措施。不仅要考虑切断层位以上的边坡岩体从坡脚剪出而产生滑动的情况，还要考虑由于边坡过长，沿层理面的下滑力在边坡中部某一薄弱部位剪出，如不同风化带的界面、横截边坡的反倾节理密集带和岩层微折曲转折部位等。

对于顺层老滑坡地段，要坚持预加固的思想，贯彻病害地段"治早治小"的防治原则，防止路基开挖引起老滑坡的复活。

当坡面岩体破碎或整体性较差时，要慎用预应力锚索地梁结构。

6.7.4 坡体上部为厚层或巨厚层块状岩体下伏近水平层状软弱岩体的路堑高边坡，当软岩在上覆荷载作用下可能发生挤出型滑动破坏时，应根据坡体结构特点和可能的破坏模式，对软质岩体采取抗滑桩、边坡锚固或钢管注浆等加固措施。

条文说明

坡体上部主要为厚层或巨厚层块状岩体，如厚层或巨厚层的砂岩、灰岩，岩体中陡倾角结构面发育、贯通，而下部为一定厚度的近水平层状软弱岩体，如中薄层泥岩、泥页岩或断层破碎带等，当路基开挖坡脚时，在高陡的岩体压力作用下，将产生挤出型滑坡、错落、崩塌等变形破坏。防治对策是对坡脚软岩进行支挡加固。

6.7.5 厚度较大的反倾硬质岩下伏软弱岩层的路堑高边坡，当反倾硬质岩层可能产生倾倒破坏时，可采取对硬质岩体进行削方减载、对软弱岩体进行预应力锚固等综合措施。

条文说明

厚度较大的反倾硬质岩下伏软弱岩层的边坡，如上部为中厚层灰岩、下部为薄层灰岩夹页岩，厚层砂岩与泥岩互层等，当路基开挖后，边坡坡率较陡且未及时加固时，坡脚岩体应力集中，底部软岩因承载能力不足而产生压缩变形，会引起上部硬质岩产生倾倒破坏。

6.7.6 顺层岩体滑坡治理设计应采取下列工程措施：

1 顺层岩体滑坡治理，应以截排主滑动面（带）含水层中地下水与在滑坡前部设置抗滑支挡工程相结合，并在滑体中无软岩夹层与互层区域内采取减载的辅助措施。

2 层面产状较陡、主滑动面（带）岩土抗剪强度低于滑床倾角的岩体滑坡，宜在滑坡前部设置抗滑支挡工程。必要时，可采取平行主滑动面（带）的削方减载作为辅助措施。

6.7.7 切层岩体滑坡治理设计应采取下列工程措施：

1 切层岩体滑坡治理，应以滑坡前部增加抗力为主，地表排水措施为辅。根据坡体结构内含可生成滑动面（带）的软弱结构面或顺坡断层等的分布情况，在不致引发上层滑坡或后级滑坡时，可采取减载措施。

2 岩层产状平缓或反倾、岩性软弱或下伏软弱岩层的软质岩滑坡或错落性滑坡，宜采取对滑坡体中上部进行减载、对坡脚软岩进行支挡加固，以及截排水相结合的综合措施。当不适宜削方减载时，可采取在滑坡前部设置抗滑支挡工程为主的治理措施。

6.7.8 块状岩体滑坡治理设计应采取下列工程措施：

1 受结构面控制的块状岩体滑坡，应在加固软弱面（带）和破碎带的基础上，结合滑坡体上部削方减载、坡脚设置抗滑支挡及坡体排水等工程措施，进行综合治理。

2 坡体上含眼球状结构体的岩体滑坡，可采取以预应力锚固为主，削方减载或仰斜排水孔排水为辅的治理措施。

6.7.9 破碎岩体滑坡治理设计应采取下列工程措施：

1 破碎岩体滑坡宜采用坡顶削方减载与坡脚支挡相结合，坡体预应力锚固与地下水引排工程相结合，兼顾地表排水的综合治理措施。

2 规模较大、性质复杂、治理困难的破碎岩体滑坡，可采用大截面抗滑桩、刚架或门架抗滑桩、多排抗滑桩等工程措施；在滑坡体内地下水丰富时，可采取截排水隧洞等引排地下水的工程措施；在变形较为活跃的滑坡治理前期，可采用减载反压工程作为应急抢险工程措施。

7 滑坡防治工程设计

7.1 一般规定

7.1.1 滑坡防治工程设计应根据滑坡类型、规模、稳定状态及危害程度，并结合滑坡与公路的位置关系、公路的重要程度、施工条件等，采取防排水、减载、反压与支挡相结合的综合治理措施，保证滑坡稳定。

7.1.2 滑坡防治工程结构设计应收集和掌握下列基础资料：
1 滑坡工程地质勘察报告。
2 滑坡区域公路路线平面、纵断面、横断面，以及桥梁、隧道等结构物的设计资料。
3 滑坡区暴雨强度、多年平均冻深、冰冻期和春融期等气象资料。
4 滑坡区河流、水库、滨海等水位变化、水流流速、冲刷等水文资料。

7.1.3 滑坡防治工程总体方案设计应根据滑坡区域具体地形、地质、水文等情况，结合滑坡稳定性评价结果和防治工程安全等级，合理布设支挡工程和排水设施，并与周围环境景观相协调。

7.1.4 滑坡支挡结构设计应满足各种设计荷载组合下支挡结构的稳定性和耐久性要求；结构类型选择及设置位置应满足安全可靠、经济合理、便于施工和养护的要求；结构材料应符合环保、耐久的要求。

7.1.5 公路桥梁跨越滑坡时，应采取必要的工程措施，防止滑坡变形危害桥梁墩、台的安全。滑坡支挡工程结构设计应以桥梁桩基不受滑坡变形产生的水平力作用为原则。施工顺序上，应先治理滑坡后施工桥梁墩台基础，保证桥梁结构的安全。

条文说明

桥梁对滑坡变形非常敏感，一旦滑坡失稳，可能对桥梁产生灾难性的危害。对于推移式滑坡，通常采用在桥梁轴线的上方侧滑坡体中设置抗滑桩，确保桥梁桩基不受滑坡引起的水平力作用；对于牵引式滑坡，除了采取上述措施外，还需考虑滑体下部牵引作用对桥梁墩台的影响。有条件时，采用滑坡前缘填土反压、后缘减载等措施增加滑体稳定性。当桥梁位于上、下两级滑坡之间时，两级滑坡的滑动均可能危害桥梁安全，则需要在桥墩沿滑坡上、下侧均设支挡结构。

7.1.6 滑坡整治施工过程中，必要时可采取应急措施或临时防护措施，控制滑坡变形速率，防止滑坡稳定性恶化，保障施工安全。条件允许时，滑坡防治应急工程、临时工程宜与永久防护支挡工程相结合。

条文说明

滑坡应急措施或临时防护通常采用排水、削方减载、回填反压、微型桩、钢管桩等措施。在选择临时处理措施时，既要保证滑坡的暂时稳定，也要考虑永久支挡工程的形式、设置位置、支挡规模等，使应急措施、临时防护设施与后期永久工程有机结合，安全有效，经济合理。

7.1.7 滑坡防治设计文件编制时，应提出相应的施工技术要求和施工注意事项。

7.2 排水工程设计

7.2.1 滑坡防治排水工程应包括地表排水工程和地下排水工程，排水系统总体布置应与邻近区域内公路边沟、涵洞等排水系统相协调，形成完善的排水体系，并应遵循下列原则：

1 在滑坡防治总体方案基础上，应结合地形地质条件、地下水状况及降雨条件等，制定地表排水和地下排水相结合的综合排水设计方案。

2 地表排水工程的设计标准应根据滑坡区公路等级确定，并符合现行《公路路基设计规范》（JTG D30）和《公路排水设计规范》（JTG/T D33）的有关规定。

3 应清除滑坡体上的地表水体，整平积水坑槽、洼地。当必须保留时，应进行防渗处理，并与拟建排水系统相接。

4 地下排水工程应根据滑动面状况、滑坡所在区域的水文地质条件及地下水动态特征，选用合理的地下排水方案与工程措施，可单独或综合选用支撑渗沟、暗沟、仰斜式排水孔或排水隧洞等排水设施。

7.2.2 地表排水设施水文计算应符合下列要求：

1 地表排水设施设计的降雨重现期：高速公路、一级公路滑坡应采用15年，其他等级公路应采用10年。

2 当滑坡排水工程为小流域部分汇流时，设计洪水流量计算应符合现行《公路工程水文勘测设计规范》（JTG C30）的有关规定。

3 当滑坡排水工程排水范围较小，汇水时间很短，无明显冲沟、流域时，排水设计流量计算可采用所在地区的暴雨强度公式。

7.2.3 地表排水设计应根据滑坡范围的场地情况，合理布置排水设施，形成完善的排水系统，及时引排地表水，并应符合下列要求：

1 在滑坡后缘5.0m以外的稳定地层上设置环形截水沟，滑坡范围较大时，应在滑坡体范围内设置多道环形或树枝状排水沟，滑坡范围排水沟宜布置在渗透系数变化和地表坡度变化地带。

2 对滑坡范围泉水出露点应设置集水井汇水、通过排水沟引出滑体之外。当滑坡表层有积水湿地时，可将排水沟上端做成排水渗沟，伸进湿地内，疏排湿地地下水。

3 截水沟、排水沟断面形式可采用矩形、梯形、复合型、U形等，断面尺寸应按现行《公路排水设计规范》（JTG/T D33）的有关规定进行水力计算确定。

4 截水沟、排水沟的冲刷强度超过土质抗冲刷能力时，应采取浆砌片（块）石、混凝土预制块等防护加固措施。当排水沟通过裂缝时，应采取防渗和防裂措施。

5 水流通过坡度大于10%、水头高差大于1.0m的陡坡地段或特殊陡坎地段时，应设置急流槽或跌水，出水口应采取消能措施，防止冲刷。急流槽底应设置防滑平台或凸榫，防止基底滑动。当跌水高差在5.0m以内时，宜采用单级跌水；跌水高差大于5.0m时，宜采用多级跌水。

6 滑坡范围的地表裂缝应封填夯实，封填前应采用不透水材料覆盖裂缝区域。

7.2.4 地下排水支撑渗沟设计应符合下列要求：

1 地下排水支撑渗沟可用于滑动面（带）埋深小于5.0m的地段。支撑渗沟宜顺滑坡滑动方向平行布置在滑坡表层有积水的湿地或地下水露头处。

2 支撑渗沟基础应置于滑动面（带）以下的稳定地层内0.5m以上，寒冷地区应置于最大冻深线以下0.25m，或对基底换填非冻胀性土质。当滑动面坡度较大时，基底应设置为台阶状，台阶宽度宜为2.0~3.0m，台阶向外倾斜坡度宜为2%~4%。

3 支撑渗沟断面宽度宜为2.0~4.0m，横向间距应根据土质情况和渗水量确定，黏性土地段，间距宜为6.0~8.0m；碎、块石土地段，间距宜为8.0~10.0m。

4 支撑渗沟内部充填料宜选用干砌片石，也可采用块石、碎石、卵石等渗水性材料。沟壁两侧和顶部应设置反滤层，反滤层厚度不宜小于0.25m，反滤层可采用透水性砂砾或透水土工布。沟底部可采用浆砌片石铺砌，厚度不宜小于0.3m，必要时可设置透水管加强排水。在寒冷地区，渗沟出口应考虑防冻措施。

条文说明

由于施工安全等因素，地下排水支撑渗沟多采用机械施工开挖。受施工机械限制，开挖深度一般不大于5.0m。采用人工开挖，需适当增加支撑渗沟埋置深度，并采取横向支撑等措施，保证施工安全。地下排水支撑渗沟（图7-1）对滑动面（带）埋深浅的滑坡有较好的效果，一方面起到排除滑坡体中地下水或上层滞水的作用，另一方面也起到抗滑支撑的作用。但当滑动面（带）埋深大，特别是含水率大时，采用支撑渗沟往往开挖困难，沟壁易坍塌，危险性大，且需要大量支撑材料，造价高。

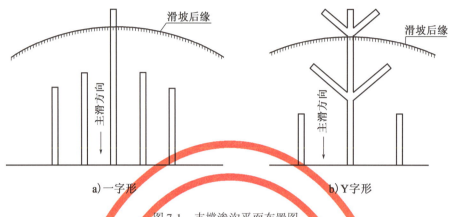

图7-1 支撑渗沟平面布置图

7.2.5 仰斜式排水孔可用于引排滑坡内的地下水，长度应伸入含水层、地下水富集部位或潜在滑动面，并宜根据滑坡地下水情况成群布置。仰斜式排水孔仰角不宜小于6°，含水层粉细砂颗粒较多时不宜大于15°。排水孔钻孔直径宜为75～150mm，孔内应设置透水管。透水管直径宜为50～100mm，可选用软式透水管或带孔的塑料管等材料。透水管应外包透水土工布作为反滤层。

条文说明

仰斜式排水孔往往成群布设，钻孔密度和深度主要取决于含水层层数、厚度、水量大小以及渗透系数。当存在多层含水层时，要与集水井、排水隧洞联合使用。

仰斜式排水孔的布设方向需与滑坡的主滑方向一致，以免滑坡变形或滑动时被错断，导致排水失效。

7.2.6 井点降水方式宜用于滑坡应急抢险工程或在施工期临时降低地下水位，也可用于引排滑坡内埋藏较深、分布不均匀的地下水。

条文说明

井点降水由于抽水需要电源，且抽水具有连续性，所以主要应用于滑坡应急抢险工程，或在滑坡施工过程中作为降低地下水位的临时措施。当滑坡区地下水丰富，施工抗滑桩或其他结构时基坑开挖过程中土体容易坍塌，施工困难，采用井点降水能迅速有效降低临时地下水位，增强土体稳定性。

7.2.7 排水隧洞可用于引排滑坡内深层地下水，如图7.2.7所示，其设计应符合下列规定：

1 排水隧洞四周应设置若干渗井、渗管或仰斜排水孔，将滑动面以上的含水层地下水引入洞内。排水隧洞以下存在承压含水层时，宜在洞底部设置竖向排水孔。

2 排水隧洞的埋设深度应根据主要含水层的埋藏深度确定，并应设置在稳定地层内，顶部设在滑动面（带）以下深度不宜小于2.0~3.0m。

3 洞底排水纵坡不宜小于1%；当纵坡较大时，应设置台阶跌水消能。

4 隧洞平面轴线宜顺直，拦截滑坡体后部深层地下水及降低滑坡体内地下水位的横向排水隧洞应置于滑坡体后缘滑动面以下，与地下水流向基本垂直；纵向排水疏干隧洞可置于滑坡体（或老滑坡）内，两侧设置与地下水流向基本垂直的分支截排水隧洞和仰斜排水孔。

5 隧洞最小断面尺寸应满足施工要求，隧洞横断面净高不宜小于1.8m，净宽不宜小于1.2m。

6 排水隧洞在直线段每隔一定距离及平面转弯、纵坡变坡处，宜设置检查井。

7 集水井根据地下水分布状况设置，集水井之间可设置横向排水通道，将地下水引入排水隧洞。

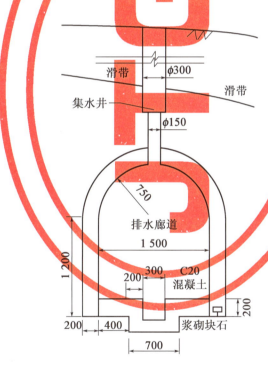

图7.2.7 滑坡地下排水隧洞剖面示意图（尺寸单位：mm）

条文说明

排水隧洞作为地下洞室结构，其受力分析与公路隧道相似，但结构构造与公路隧道存在差异，因此，参照现行《公路隧道设计规范》（JTG D70）的有关规定，根据其特点，设置合理的结构形式，以确保其稳定性。

7.3 重力式抗滑挡墙设计

7.3.1 重力式抗滑挡墙可用于滑坡规模较小、厚度较薄、滑坡推力小于300kN/m的滑坡治理工程，且挡墙基坑开挖后不会引起滑坡复活或产生新的滑动。对滑坡推力较大的滑坡，当采用重力式抗滑挡墙进行支挡时，应与其他支挡结构配合使用。当滑坡长度大且厚度小时，可沿滑坡主滑方向设置多级挡墙。

7.3.2 重力式抗滑挡墙应与排水、减载、护坡、锚固等其他治理工程措施相配合，根据地形地质条件，通过技术经济比较，确定设计方案。

7.3.3 重力式抗滑挡墙应布置在滑坡剪出口、潜在剪出口的附近或滑坡阻滑段的前部区域，并宜与反压措施相结合。

7.3.4 重力式抗滑挡墙墙高不宜超过10.0m；当高度超过10.0m时，宜采用抗滑桩板墙或其他工程措施。

7.3.5 抗滑挡墙结构设计计算时，应取滑坡推力与主动土压力中的大值作为设计作用力。但当滑坡推力的合力作用点位置较主动土压力为高时，挡墙的倾覆稳定计算仍应同时用滑坡推力进行验算。

7.3.6 抗滑挡墙结构计算、抗滑稳定性、抗倾覆稳定性和截面抗剪计算应符合现行《公路路基设计规范》（JTG D30）的有关规定。

7.3.7 抗滑挡墙结构形式应根据滑坡稳定状态、施工条件、工程造价等因素确定，宜采用胸坡缓、重心低的重力式挡土墙，如图7.3.7所示。

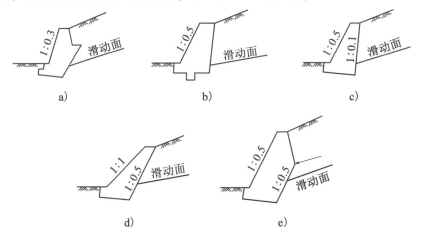

图7.3.7 重力式抗滑挡墙常用断面示意图

7.3.8 挡墙基础埋置深度应根据滑坡滑动面位置、滑动面以下地基岩土性质及地基承载力、挡墙抗滑与抗倾覆稳定性及流水冲刷等确定。重力式抗滑挡墙基础在滑动面以下稳定地层的最小埋深和距地表的水平距离应符合表7.3.8的规定，并应符合下列要求：

1 挡墙前缘设置排水沟时，挡墙基础底面应低于沟底的底面，并符合表7.3.8的规定。

2 受水流冲刷时，挡墙基底应置于冲刷线以下不小于1.0m。

3 当冻结深度小于1.0m时，基底应在冻结线以下不小于0.25m，并符合基础最小埋置深度不小于1.0m的要求。当冻结深度大于1.0m时，基底最小埋置深度不应小于1.25m，同时应对基底至冻结线以下0.25m深度范围的地基土采取措施，防止冻害。

4 当挡墙基底埋置深度大于2.5m且墙前地基稳定可靠时，可考虑墙前被动抗力的作用。

5 当基础以下土质软弱、设置挡墙后滑坡滑动面有可能自基础以下滑出时，应通过稳定性计算确定合理的基础埋置深度。

表7.3.8 重力式抗滑挡墙基础在滑动面以下最小埋深要求

地基土类别	埋入深度（m）	距地表的水平距离（m）
硬质岩	0.60	1.0~1.50
软质岩	1.00	1.50~2.00
土层	≥1.5	2.00~2.50

7.3.9 重力式抗滑挡墙宜采用片石混凝土或素混凝土，片石混凝土或素混凝土等级不应低于C15，中冻区、重冻区基础不应低于C20，墙身不应低于C25。

7.3.10 墙身应设置泄水孔，孔径宜为50~100mm，间距宜为2.0~3.0m，上下左右交错布置；泄水孔向墙外倾斜，坡度宜为3%~5%；最下排泄水孔的底部应高出地面0.3m，其底部与地面之间设置隔水层。在地下水较多的地段，泄水孔应加密，或适当增大泄水孔孔径。

7.3.11 墙背应设置反滤层。反滤层应采用透水性砂砾、碎石或透水土工布，砂砾、碎石粒径宜为0.5~50mm，厚度不应小于0.5m。

7.3.12 挡墙背后土层潮湿或具有膨胀性时，应在土体中设置支撑渗沟；渗水量较大时，可在墙背排水层底部增设纵向管式或洞式渗沟；有泉水出露时，应设置纵、横向排水暗沟。

7.3.13 抗滑挡墙端部处理与衔接应符合下列要求：

1 挡墙与路堤相连时，墙端应伸入路堤不小于 0.75m，采用锥坡与路堤相连。

2 挡墙与路堑相连时，挡墙端部应嵌入路堑坡体内，其嵌入原地层的深度，土质地层不应小于 1.5m，强风化或软质岩层不应小于 1.0m，弱、微风化岩层不应小于 0.5m。路堑抗滑挡墙向两端延伸布置时，宜逐渐降低挡墙高度，与稳定段的路堑坡面平顺相接。

3 挡墙与其他建筑物连接时，应采取与相邻建筑物、周围环境协调的构造措施。

7.3.14 抗滑挡墙每间隔 6.0~8.0m 应设置一道伸缩缝。在地基可能产生不均匀沉降处，应设置沉降缝，并兼作伸缩缝。伸缩缝或沉降缝宽度宜为 20~30mm，沉降缝内沿墙内、外、顶三边可采用沥青麻筋或浸沥青木板填塞，填塞深度不应小于 150mm。

7.3.15 挡墙基底可设置成反坡或采用凸榫基底，反坡坡率宜为 0.1:1~0.2:1，土质地基取小值，岩质地基取大值；对浸水挡墙，基底反坡宜降低 0.1。当挡墙基底采用凸榫时，凸榫应设置在坚实地基上。挡墙基底沿纵向斜坡坡度不应大于 5%，当超过 5% 时，应设置成台阶状。

7.4 抗滑桩设计

7.4.1 抗滑桩可用于各种类型滑坡防治。根据滑坡特点和工程需要，可采用埋入式抗滑桩、悬臂式抗滑桩、预应力锚索抗滑桩等。

条文说明

抗滑桩因其具有抗滑能力强、适用条件广、施工方便、对滑坡扰动相对较小、对滑坡的根治性能强等优点而被广泛地应用于滑坡治理中。

抗滑桩类型较多，根据不同的分类方法有多种形式。按埋入状态分为埋入式抗滑桩和桩板式抗滑桩；按受力状态分为悬臂式抗滑桩和预应力锚索抗滑桩；按材料类型分为钢筋混凝土桩、钢桩；按截面形状分为圆形桩、矩形桩；按施工方法分为人工挖孔桩、钻孔桩、旋挖桩等。设计时需根据滑坡的特点，并结合工程实际灵活选用抗滑桩类型。目前公路滑坡治理中使用最多的是矩形钢筋混凝土埋入式挖孔桩。当工程需要时，也常采用桩板式抗滑桩；当桩身弯矩较大，且滑动面以下为稳定的有锚固条件的地层时，优先采用预应力锚索抗滑桩；钢轨（管）抗滑桩常用于滑坡应急抢险工程和施工临时加固措施。

7.4.2 抗滑桩设计应考虑设置抗滑桩后滑坡整体稳定性、桩顶以上岩土体稳定性、桩间岩土体稳定性，防止滑体从桩顶滑出或从桩底产生新的深层滑动，并应遵循下列原则：

1 桩的平面布置、桩长和截面尺寸等应综合考虑确定，达到安全可靠、经济合理、并与周围环境相协调。

2 抗滑桩宜布置在滑体厚度较薄、推力较小、锚固段地基强度较高且锚固段地层稳定的地段。对性质复杂、规模较大的滑坡,应进行多种形式支挡方案比选。

3 抗滑桩截面的长边应沿主滑方向布置。

4 滑坡沿滑动方向的长度较大时,可视地表形态、滑动面(带)倾角、推力分布、滑体厚度等因素设置多排抗滑桩进行分段阻滑。每段宜以单排布置,弯矩过大时,应采用预应力锚索抗滑桩,锚索锚固段应置于稳定岩层内。

5 抗滑桩中对中间距宜为 5.0~8.0m。根据滑坡性状及要求,可设置成单桩或为排架式。土质滑坡的桩前悬臂段临空时,可在桩间设置挡土板;当采用埋入式抗滑桩时,桩间可不设挡土板。必要时,抗滑桩之间应用钢筋混凝土系梁连接,以增强整体稳定性。

6 抗滑桩桩长宜小于 35.0m。对于滑动面(带)埋深大于 25.0m 的滑坡,应论证抗滑桩阻滑的可行性。

7.4.3 布设于路堑边坡平台的抗滑桩,其埋置深度除应考虑桩体位置滑动面埋深外,还应考虑桩前斜坡坡度的影响,保证抗滑桩有足够的锚固段长度。必要时可采用预应力锚索桩。

条文说明

当路堑边坡开挖后失稳或进行预加固,需要在边坡中部平台设置抗滑桩时,抗滑桩埋置深度除应考虑滑动面(或潜在滑动面)埋深外,还需考虑桩前滑动面(带)以下的三角形岩土体由于形不成半无限体锚固,而导致桩的有效锚固深度不足的问题。避免由于桩前水平抗力不足、桩前岩土体变形过大或失稳,导致桩体倾斜失效。

因此,设置在一级路堑边坡平台上的抗滑桩桩底应埋入路基顶面以下足够的深度。设在二、三级平台上的抗滑桩,采用宽平台形式,桩前滑床宽度达到 3~5 倍桩径才能作为半无限体锚固条件。当桩前斜坡存在面向临空面的不利结构面组合,或桩的锚固深度太大,需在桩前边坡上用预应力锚索或长锚杆加固边坡,以改善桩的锚固条件。

7.4.4 桩板墙用于治理滑坡时,应满足下列要求:

1 结合路线与滑坡的位置关系,以及路基填、挖情况,可采用路堑、路肩或路堤桩板墙。

2 桩板墙的桩间距、桩长和截面尺寸应综合考虑确定。桩的自由悬臂长度不宜大于 12.0m,桩间距宜为 5.0~8.0m。当桩的自由悬臂长度大于 12.0m、桩侧滑坡推力或土压力较大时,可在桩上部加设预应力锚索。

3 桩板墙顶位移应小于桩悬臂端长度的 1/100,且不宜大于 100mm。

4 预制钢筋混凝土挡土板为支撑在桩上的简支板,可按受弯构件设计。

7.4.5 作用于抗滑桩的外力应包括滑坡推力、桩前滑体抗力和锚固段地层抗力。桩侧摩阻力和黏聚力以及桩身重力和桩底反力可不计算，并应符合下列要求：

1 滑坡推力应按本规范第5.4.9条的规定计算确定，其分布应根据滑体的性质和厚度等因素确定，可为矩形、梯形。

2 桩前抗力应取滑体处于极限平衡时的推力和桩前被动土压力中的小值。当桩前土体不稳定时，不应考虑其抗力。

3 多排抗滑桩纵向桩间距较大时，宜分段计算各排桩的滑坡推力；当两排桩之间纵向间距较小时，尚应考虑两排桩之间的相互作用。

条文说明

滑坡推力分布形式影响因素较多，主要与滑体的岩土特性、滑动面的形状、地层性质等因素有关，很难给出各种滑坡准确的推力分布图形。在滑坡推力相同的条件下，采用不同的推力分布形式，抗滑桩的内力计算结果有较大的差异，据此进行的结构设计也有较大的不同。因此，推力分布形式选择不当，可能会导致抗滑桩结构可靠度不足或造成资源浪费。

然而到目前为止，滑坡推力分布的理论还不成熟，工程设计计算中滑坡推力的分布形式仍然采用基于滑体性质分类的近似分布形式。当滑坡体上下各层滑动速度基本一致时，其推力分布图形近似为矩形分布；当滑体底部滑动速度明显大于上部时，其推力分布图形近似为三角形分布。介于上述两者情形之间时，假定为梯形分布。滑坡推力采用三角形分布偏于不安全，且为室内模拟试验结果，工程实际验证不够。综合以上因素，规定滑坡推力采用梯形或矩形分布是安全可行的。

7.4.6 悬臂式抗滑桩滑动面以上的桩身内力，应根据滑坡推力和桩前滑体抗力计算。滑动面以下的桩身变位和内力，应根据滑动面处的弯矩和剪力，按弹性地基梁进行计算，并应根据地基系数的分布情况选用相应的计算方法。土质地基的地基系数，宜采用"m"法；岩质地基的地基系数，宜采用"K"法。滑动面以下地基系数可根据地层性质确定。

条文说明

滑动面以下地基系数与滑床岩土体性质相关。抗滑桩地基系数的确定可简化为"K"法和"m"法两种。当地基系数为常数时，采用"K"法；当地基系数为三角形分布时，应采用"m"法。根据《铁路路基支挡结构设计规范》(TB 10025—2006) 第10.2.8条，较为完整岩层和硬黏土的地基系数应为常数K；硬塑、半干硬砂黏土及碎石类土、风化破碎的岩块，当桩前滑动面以上无滑坡体和超载时，地基系数应为三角形分布；当桩前滑动面以上有滑坡体和超载时，地基系数应为梯形分布。

地基系数及其相应的物理力学指标的选取对桩内力的计算至关重要，由工程地质勘察报告提供。但其试验测试较为困难,参照《铁路路基支挡结构设计规范》(TB 10025—2006)给出抗滑桩地基系数及地层物理力学指标,见表7-1、表7-2,以供参考。

抗滑桩地基系数(随深度增加的比例系数) 表7-1

序号	土 的 名 称	竖直方向 m_0 (kPa/m^2)	水平方向 m (kPa/m^2)
1	$0.75 < l_L < 1.0$ 的软塑黏土及粉质黏土;淤泥	1 000 ~ 2 000	500 ~ 1 400
2	$0.5 < l_L < 0.75$ 的软塑粉质黏土及黏土	2 000 ~ 4 000	1 000 ~ 2 800
3	硬塑粉质黏土及黏土;细砂和中砂	4 000 ~ 6 000	2 000 ~ 4 200
4	坚硬的粉质黏土及黏土;粗砂	6 000 ~ 10 000	3 000 ~ 7 000
5	砾砂;碎石土、卵石土	10 000 ~ 20 000	5 000 ~ 14 000
6	密实的大漂石	80 000 ~ 120 000	40 000 ~ 84 000

注:1. l_L 为土的液性指数,其土质地基系数 m_0 和 m 值,相应于桩顶位移 6~10mm。
   2. 有可靠资料和经验时,可不受本表限制。

表7-2 抗滑桩地基系数及地层物理力学指标

地 层 类 别	内摩擦角 (°)	弹性模量 E_0 (kPa)	泊松比 μ	地基系数 K (kPa/m)	剪切应力 (kPa)
细粒花岗岩、正长岩	80 以上	5 430 ~ 6 900	0.25 ~ 0.30	$2.0 \times 10^6 ~ 2.5 \times 10^6$	1 500 以上
辉绿岩、玢岩		6 700 ~ 7 870	0.28	2.5×10^6	
中粒花岗岩	80 以上	5 430 ~ 6 500	0.25	$1.8 \times 10^6 ~ 2.0 \times 10^6$	1 500 以上
粗粒正长岩、坚硬白云岩		6 560 ~ 7 000	0.25		
坚硬石灰岩	80	4 400 ~ 10 000	0.25 ~ 0.30	$1.2 \times 10^6 ~ 2.0 \times 10^6$	1 500
坚硬砂岩、大理岩		4 660 ~ 5 430			
粗粒花岗岩、花岗片麻岩		5 430 ~ 6 000			
较坚硬石灰岩	75 ~ 80	4 400 ~ 9 000	0.25 ~ 0.30	$0.8 \times 10^6 ~ 1.2 \times 10^6$	1 200 ~ 1 400
较坚硬砂岩		4 460 ~ 5 000			
不坚硬花岗岩		5 430 ~ 6 000			
坚硬页岩	70 ~ 75	2 000 ~ 5 500	0.15 ~ 0.30	$0.4 \times 10^6 ~ 0.8 \times 10^6$	700 ~ 1 200
普通石灰岩		4 400 ~ 8 000	0.25 ~ 0.30		
普通砂岩		4 600 ~ 5 000	0.25 ~ 0.30		
坚硬泥灰岩	70	800 ~ 1 200	0.29 ~ 0.38	$0.3 \times 10^6 ~ 0.4 \times 10^6$	500 ~ 700
较坚硬页岩		1 980 ~ 3 600	0.25 ~ 0.30		
不坚硬石灰岩		4 400 ~ 6 000	0.25 ~ 0.30		
不坚硬砂岩		1 000 ~ 2 780	0.25 ~ 0.30		
较坚硬泥灰岩	65	700 ~ 900	0.29 ~ 0.38	$0.2 \times 10^6 ~ 0.3 \times 10^6$	300 ~ 500
普通页岩		1 900 ~ 3 000	0.15 ~ 0.20		
软石灰岩		4 400 ~ 5 000	0.25		

续表 7-2

地层类别	内摩擦角 (°)	弹性模量 E_0 (kPa)	泊松比 μ	地基系数 K (kPa/m)	剪切应力 (kPa)
不坚硬泥灰岩	45	30~500	0.29~0.38	0.06×10^6 ~ 0.12×10^6	150~300
硬化黏土		10~300	0.30~0.37		
软片岩		500~700	0.15~0.18		
硬煤		50~300	0.30~0.40		
密实黏土	30~45	10~300	0.30~0.37	0.03×10^6 ~ 0.06×10^6	100~150
普通煤		50~300	0.30~0.40		
胶结卵石		50~100	—		
掺石土		50~100	—		

7.4.7 抗滑桩桩底支承应结合地层情况和桩底锚固深度，采用自由端或铰支端。

7.4.8 悬臂式抗滑桩锚固深度应根据地基的横向容许承载力确定，当需要控制桩的变位时，最大变位应不超过容许值，并应符合下列规定：

1 地层为岩层时，桩的最大横向压应力 σ_{max} 应小于或等于地基的横向容许承载力 $[\sigma_H]$。桩为矩形截面时，地基的横向容许承载力可按式（7.4.8-1）计算：

$$[\sigma_H] = K_H \eta R_c \tag{7.4.8-1}$$

式中：$[\sigma_H]$ ——地基的横向容许承载力（kPa）；

K_H ——水平方向换算系数，根据岩层构造，可取 0.5~1.0；

η ——折减系数，根据岩层的裂缝、风化及软化程度，可取 0.3~0.45；

R_c ——岩石天然单轴抗压极限强度标准值（kPa）。

2 地层为土层或风化岩、砂砾状岩层时，滑动面以下深度为 $h_2/3$ 和 $h_2/2$（h_2 为滑动面以下桩长）处的横向压应力应小于或等于地基的横向容许承载力。当地面无横坡或横坡较小时，地基 y 点的横向容许承载力可按式（7.4.8-2）计算；当地面横坡 i 较大且 $i \leq \varphi_0$ 时，地基 y 点的横向容许承载力可按式（7.4.8-3）计算：

$$[\sigma_H] = \frac{4}{\cos\varphi}[(\gamma_1 h_1 + \gamma_2 y)\tan\varphi + c] \tag{7.4.8-2}$$

式中：φ ——滑动面以下土体的内摩擦角（°）；

γ_1 ——滑动面以上土体的重度（kN/m³）；

h_1 ——设桩处滑动面至地面的距离（m）；

γ_2 ——滑动面以下土体的重度（kN/m³）；

y ——滑动面至计算点的距离（m）；

c ——滑动面以下土体的黏聚力（kN/m²）。

$$[\sigma_H] = 4(\gamma_1 h_1 + \gamma_2 y) \frac{\cos^2 i \sqrt{\cos^2 i \cos^2 \varphi_0}}{\cos^2 \varphi_0} \quad (7.4.8-3)$$

式中：φ_0——滑动面以下土体的综合内摩擦角（°）；

i——地面横坡（°）。

条文说明

地层为岩层时，桩身作用于围岩的侧向压应力，一般不大于岩体的容许强度。桩周围岩的侧向允许抗压强度，必要时直接由现场试验确定。一般按岩石的完整程度、层理或片理产状、层间的胶结物与胶结状态、节理裂隙密度和充填物、各种构造面的性质和产状及其贯通程度等，采用垂直允许抗压强度的 0.5～1.0 倍。岩体完整、节理裂隙不发育时取高值，裂隙发育的不完整岩体取低值。

7.4.9 悬臂式抗滑桩的变形系数应根据地基系数分布情况，按下列方法计算确定：

1 当锚固段地基系数为常数 K 时，桩的变形系数可按式（7.4.9-1）计算：

$$\beta = \left(\frac{KB_p}{4EI}\right)^{\frac{1}{4}} \quad (7.4.9-1)$$

式中：β——桩的变形系数（m^{-1}）；

K——地基系数（kPa/m）；

B_p——桩的计算宽度（m），对矩形桩 $B_p = b + l$（b 为矩形桩的设计宽度）；

E——桩的钢筋混凝土弹性模量（kPa），$E = 0.8 E_c$；

E_c——混凝土弹性模量（kPa）；

I——桩的截面惯性矩（m^4）。

2 当锚固段地基系数为三角形分布时，桩的变形系数可按式（7.4.9-2）计算：

$$\alpha = \left(\frac{mB_p}{EI}\right)^{\frac{1}{5}} \quad (7.4.9-2)$$

式中：α——桩的变形系数（m^{-1}）；

m——随深度增加的土质地基系数（kPa/m^2）。

3 锚固段地基系数为梯形分布时，可将桩分成若干小段，每小段内采用常数分布近似计算。

7.4.10 矩形悬臂式抗滑桩纵向受拉钢筋配置数量应根据弯矩图分段确定，其截面积可按式（7.4.10-1）或按式（7.4.10-2）计算，且要求满足条件 $\xi \leq \zeta_b$。当采用直径 $d \leq 25mm$ HRB400 级热轧钢筋时，相对界限受压区高度系数取 $\zeta_b = 0.544$；当采用直径 $d = 28 \sim 40mm$ HRB400 级热轧钢筋时，取 $\zeta_b = 0.566$。计算系数 ζ、γ_s、α_s 可分别由式（7.4.10-3）、式（7.4.10-4）、式（7.4.10-5）确定：

$$A_S = \frac{K_1 M}{\gamma_S f_y h_0} \qquad (7.4.10\text{-}1)$$

或

$$A_S = \frac{K_1 \zeta f_{cm} b h_0}{f_y} \qquad (7.4.10\text{-}2)$$

$$\gamma_S = \frac{1 + \sqrt{1 - 2\alpha_s}}{2} \qquad (7.4.10\text{-}3)$$

$$\zeta = 1 - \sqrt{1 - 2\alpha_s} \qquad (7.4.10\text{-}4)$$

$$\alpha_S = \frac{K_1 M}{f_{cm} b h_0^2} \qquad (7.4.10\text{-}5)$$

式中：A_S——纵向受拉钢筋截面面积（mm²）；
　　　K_1——抗滑桩受弯强度设计安全系数，取1.05；
　　　M——抗滑桩设计弯矩（N·mm）；
　　　f_y——受拉钢筋抗拉强度设计值（N/mm²）；
　　　h_0——抗滑桩截面有效高度（mm）；
　　　f_{cm}——混凝土弯曲抗压强度设计值（N/mm²）；
　　　b——抗滑桩截面宽度（mm）。

7.4.11 矩形悬臂式抗滑桩应进行斜截面抗剪强度验算，以确定箍筋的配置，配置量按式（7.4.11-1）、式（7.4.11-2）计算确定：

$$V_{cs} = 0.7 f_t b h_0 + 1.5 f_{yv} \frac{A_{sv}}{S} h_0 \qquad (7.4.11\text{-}1)$$

且要求满足条件

$$0.25 f_c b h_0 \geq K_2 V \qquad (7.4.11\text{-}2)$$

式中：V_{cs}——抗滑桩斜截面上混凝土和箍筋受剪承载力（N）；
　　　f_t——混凝土轴心抗拉设计强度值（N/mm²）；
　　　b——抗滑桩截面宽度（mm）；
　　　h_0——抗滑桩截面有效高度（mm）；
　　　f_{yv}——箍筋抗拉设计强度设计值（N/mm²），取值应不大于310N/mm²；
　　　A_{sv}——配置在同一截面内箍筋的全部截面面积（mm²）；
　　　S——抗滑桩箍筋间距（mm）；
　　　f_c——混凝土轴心抗压强度设计值（N/mm²）；
　　　K_2——抗滑桩斜截面受剪强度设计安全系数，取1.10；
　　　V——抗滑桩设计剪力（N）。

7.4.12 抗滑桩结构应按现行《混凝土结构设计规范》（GB 50010）进行设计，其荷载分项系数的取值应符合现行《建筑结构荷载规范》（GB 50009）、《建筑地基基础设计规范》(GB 50007)的有关规定。一般情况下，永久荷载分项系数可采用1.35。

条文说明

永久荷载分项系数对抗滑桩计算结果影响较大。根据《建筑结构荷载规范》(GB 50009—2012)，对由永久荷载效应控制的组合，其荷载分项系数应取1.35。不像公路桥梁有频繁的反复动荷载作用，抗滑桩属于地下结构，往往远离路基，主要受土压力和土体自重引起的滑坡推力作用，因此按承载能力极限状态法计算比较符合实际，从而达到节约钢材的目的。这一规定也与《建筑地基基础设计规范》(GB 50007—2011)，对由永久作用控制的基本组合采用简化计算时，作用的综合分项系数取1.35的规定一致。

7.4.13 抗滑桩桩身应按受弯构件设计。无特殊要求时，可不进行变形、抗裂、挠度等验算。

7.4.14 预应力锚索抗滑桩宜按超静定体系设计。桩锚和地基应按弹性协调变形计算，桩身变位和内力采用横向变形约束的地基系数法进行计算，并应满足下列要求：

1 预应力锚索抗滑桩设计，应与周围环境和其他工程相结合，避免由于锚索设置影响其他构筑物的施工和安全。
2 抗滑桩桩顶位移应严格限制，不应超出锚索自由段允许的弹性变形量。
3 当滑坡体蠕滑明显，预应力锚索张拉锁定锚固力宜为设计锚固力的50%~80%。
4 锚拉桩的锚固段长度应按桩侧最大压应力不大于地基横向容许承载力的要求确定。
5 每根桩上应预留锚孔，锚孔距桩顶距离不应小于0.5m。
6 预应力锚索设计应满足本规范第7.5节的有关要求。

条文说明

一般抗滑桩对桩顶位移要求不严格，而预应力锚索桩要求桩顶位移与锚索伸长变形相等，因此桩顶位移不能超出锚索自由段允许的弹性变形范围，一般控制在3cm左右。预应力锚索抗滑桩锚索张拉锁定不同于常规预应力锚索，预应力张拉锁定值不要过大。因为滑坡推力不一定出现最大值，而使锚索处于疲劳状态，同时不利于发挥抗滑桩地基的反力作用；当滑坡推力出现最大值时，锚索在滑坡推力作用下，受到的拉力进一步增大，可能会使其超出弹性变形范围而破坏实效。因此，需结合滑坡体蠕变的不同类型和锚具引起锚索预应力损失的大小，综合确定。

7.4.15 混凝土抗滑桩的结构构造应满足下列要求：
1 抗滑桩截面形状宜为矩形，截面尺寸应根据滑坡推力大小、桩间距、锚固段地基横向容许强度等因素确定，截面宽度宜为 1.5~3.0m，截面高度宜为 2.0~4.0m。

2 桩身混凝土强度等级不应低于 C30，当地下水存在侵蚀性时，应根据水质情况按有关规定选用水泥。

3 抗滑桩井口应设置锁口，桩井位于土和风化破碎岩层时宜设置护壁，锁口和护壁混凝土强度等级不应低于 C20。

4 纵向受拉钢筋应采用 HRB400 级以上的带肋钢筋或型钢，钢筋直径不宜小于 25mm，净距宜为 120~250mm，困难情况下可适当减小，但不得小于 80mm。采用束筋时，每束不宜多于三根。配置单排钢筋有困难时，可设置为两排或三排，排距宜为 120~200mm。钢筋笼的混凝土保护层应大于 70mm。

5 桩内不宜配置弯起钢筋，可采用调整箍筋的直径、间距和桩身截面尺寸等措施，满足斜截面的抗剪强度要求。

6 箍筋可采用 HRB400 钢，肢数不宜多于 4 肢，其直径不宜小于 14mm，间距不应大于 400mm。

7 桩的两侧及受压边，应适当配置纵向构造钢筋，钢筋直径不宜小于 16mm，间距宜不应大于 300mm。桩的受压边两侧，应配置架立钢筋，其直径宜不小于 16mm。当桩身较长时，纵向构造钢筋和架立钢筋的直径应加粗。当采用锚索桩时，受压侧应配置受力钢筋。

8 桩板式抗滑挡墙挡土板与桩的搭接长度不应小于 1 倍板厚，平台宽度比搭接长度宜宽 20~30mm；挡土板钢筋保护厚度，外侧不应小于 35mm，板内侧不应小于 50mm。挡土板主筋可采用 HRB400 钢。

9 钢筋接头宜采用钢筋机械连接接头、焊接接头，钢筋接头宜设在受力较小区段，并宜错开布置。同一区段内有接头的纵向受力钢筋截面面积不宜超过纵向受力钢筋总截面面积的 50%。钢筋机械连接接头适用于 HRB400 带肋钢筋的连接。机械接头应符合现行《钢筋机械连接技术规程》（JGJ 107）的有关规定。

7.5 预应力锚索设计

7.5.1 预应力锚索宜用于岩质滑坡加固，不宜单独用于土质滑坡。当用于土质滑坡时，锚固段应置于滑动面以下稳定的岩层中，并宜与抗滑桩等其他抗滑结构共同组成抗滑支挡体系，且应考虑由于土体变形引起的锚索预应力损失。对规模较小的岩质滑坡，也可采用预应力锚杆。腐蚀性环境中不宜采用预应力锚索，必须采用时，应采取严格的防腐措施。

7.5.2 采用预应力锚索加固滑坡时，应根据滑坡地质条件、性质、规模、破坏模式、稳定状况及稳定性计算结论等对锚固方案的合理性、安全性进行技术经济论证。

7.5.3 锚固形式应根据边坡岩土体类型、工程特征、锚杆承载力大小、锚材料和长度、施工工艺等条件综合确定。对软质岩、风化岩地层，宜采用压力分散型锚索；对强度较高的硬质岩石地层，可采取拉（压）力集中型锚索。

7.5.4 预应力锚索设计锚固力，应根据滑坡锚固位置确定的滑坡推力设计值，按式（7.5.4）计算确定，锚作用力简化如图 7.5.4 所示。

$$P_d = \frac{E}{\sin(\alpha+\beta)\tan\varphi + \cos(\alpha+\beta)} \tag{7.5.4}$$

式中：P_d——预应力锚索设计锚固力（kN）；
　　　E——预应力锚索承担的滑坡推力设计值（kN）；
　　　α——锚索与滑动面相交处的滑动面的倾角（°）；
　　　β——锚索与水平面的夹角（°）；
　　　φ——滑动面内摩擦角（°）。

图 7.5.4　锚作用力简化示意图

条文说明

锚索承担的滑坡推力设计值按本规范第 5.4.9 条规定计算确定，已考虑滑坡防治工程的稳定安全系数。

7.5.5 预应力锚索长度不宜大于 50.0m。单束锚索设计拉力宜为 500~2 500kN。锚索间距应以设计的锚固力能对地基提供最大的张拉力为标准，宜为 3.0~6.0m，最小间距不应小于 2.5m。锚索间距小于 2.5m 时，应将相邻锚杆的倾角调整至相差 3°以上。

7.5.6 锚索与水平面的下俯倾角不宜大于 45°，宜采用 15°~30°。当抗滑桩上设置多排预应力锚索时，且间距较小时，各排锚索宜采用不同的倾角，以改善锚固段的受力条件。

7.5.7 锚索体截面面积、锚固段长度等应按现行《公路路基设计规范》（JTG D30）的有关规定计算确定。

7.5.8 锚索总长度应由锚固段长度、自由段长度以及张拉段长度组成。各部分长度确定应满足下列要求：

  1 在确定锚索锚固段长度时，应取地层和注浆体间黏结长度与注浆体和锚索体间黏结长度中的大值，且不应小于3.0m，也不宜大于10.0m。当计算确定的锚固段长度大于10.0m时，宜采取改善锚固段岩体质量、改变锚头结构或扩大锚固段直径等措施。

  2 锚索自由段长度受稳定地层界面控制，在设计中应考虑自由段伸入滑动面或潜在滑动面的长度不小于1.0m，且自由段长度不得小于5.0m。

  3 张拉段长度应根据张拉机具确定，锚索外露部分长度宜为1.5m。

7.5.9 预应力锚索构造设计应符合下列要求：

  1 预应力锚索应由锚固段、自由段和锚头组成，锚头应由垫墩、钢垫板和锚具组成。

  2 预应力筋每隔1.5~2.0m应设置隔离架。

  3 预应力锚筋的保护层厚度不应小于20mm。

7.5.10 锚索的防腐等级和措施应符合下列要求：

  1 腐蚀性环境中的锚索应采用Ⅰ级双层防腐保护，非腐蚀性环境中的锚索可采用Ⅱ级防腐保护。锚索Ⅰ、Ⅱ级防腐应符合表7.5.10的要求。

  2 锚固段、自由段及锚头的防腐材料和构造，应在锚索施工及使用期内不发生损坏，且不影响锚索的功能。

表7.5.10 锚索Ⅰ、Ⅱ级防腐保护要求

防腐保护等级	锚索类型	预应力锚索和锚具的防腐要求		
		锚头	自由段	锚固段
Ⅰ	拉力型	采用过渡管，锚具用混凝土封闭或钢罩保护	采用注入油脂的护套，或无黏结钢绞线，或有外套保护管的无黏结钢绞线	采用注入水泥浆的波纹管
Ⅰ	压力型	采用过渡管，锚具用混凝土封闭或钢罩保护	采用无黏结钢绞线	采用无黏结钢绞线
Ⅱ	拉力型	采用过渡管，锚具用混凝土封闭或钢罩注油保护	采用注入油脂的护套，或无黏结钢绞线	注浆

7.5.11 预应力锚索采用的钢绞线，其力学性能必须符合现行《预应力混凝土用钢绞线》（GB/T 5224）的规定。

7.5.12 注浆采用的水泥砂浆应采用普通硅酸盐水泥，水泥强度等级不应低于42.5MPa。水灰比宜为0.4~0.5，灰砂比宜为0.8~1.5；浆体材料28d的无侧限抗压强

度不应小于30MPa。注浆压力应根据工程条件和设计要求确定，保证浆体灌注密实。

7.5.13 锚具由锚环、夹片和承压板组成，并应满足下列要求：

1 预应力锚具和连接锚杆的部件，其承载能力不应低于锚杆杆体极限承载力的95%。

2 预应力筋用锚具、夹具及连接器应符合现行《预应力筋用锚具、夹具和连接器应用技术规程》（JGJ 85）的规定。

7.5.14 隔离架、导向帽和架线环应由钢、塑料或其他对锚索体无害的材料组成，不得使用木质隔离架。

7.5.15 钢材保护套应具有足够的强度、抗水性和化学稳定性，与水泥砂浆和防腐剂接触无不良反应，在加工和安装过程中应加强保护，不得损坏。

7.5.16 注浆管应采用高压胶管或塑料软管加工，直径宜为25mm。

7.5.17 预应力锚固坡面传力结构形式应根据坡体工程地质及水文地质条件、岩土性质、岩体结构、风化程度、地貌形态、坡体高度、施工方法等，按表7.5.17确定。

表7.5.17 预应力锚固坡面传力结构形式及其适用条件

结构形式	适用条件	备注
格子（框架）梁	风化较严重、地下水丰富、软质岩、土质边坡	多雨地区，梁宜做成截流沟形式
肋板（地）梁	软硬岩体相间、土质边坡	
单锚墩	硬质岩、块状或整体性好的岩体	

7.5.18 作用于梁、单锚墩的荷载，应按地梁或两单锚墩中至中的距离计算。格子（框架）梁设计宜分单元，梁内弯矩、剪力按框架梁或连续梁计算；地梁弯矩、剪力应根据梁上锚的根数，按简支梁或连续梁计算。梁结构应满足现行《混凝土结构设计规范》（GB 50010）的要求，结构重要性系数取为1.0，永久荷载的分项系数取为1.35。

7.5.19 梁、单锚墩混凝土强度等级不宜低于C30，并配置适量的构造钢筋。格子（框架）梁内主筋应分单元配置通长钢筋。

7.5.20 梁截面可采用矩形或T形。格子（框架）梁宽度不得小于0.4m，地梁和单锚墩截面厚度不得小于0.4m，单锚墩边长不宜小于0.8m。梁底嵌入坡面岩体内深度不宜小于0.2m。格子（框架）梁单元性状可采用矩形或菱形，当采用矩形时，梁单元尺寸不宜小于3.0m×3.0m；当采用菱形时，梁单元尺寸不宜小于5.0m×3.0m。

7.5.21 在锚固工程施工初期，应进行预应力锚索锚固试验，试验内容及要求应符合现行《岩土锚杆与喷射混凝土支护工程技术规范》（GB 50086）的规定。锚固试验应包括基本试验和验收试验，基本试验的预应力锚索数量不应少于3根，验收试验数量可按工作锚杆的5%控制，当有特殊要求时，可适当增加。

7.5.22 预应力锚固工程应根据滑坡治理工程的重要性和实际条件，对预应力锚杆的工作状况和锚固效果进行施工期和运营期的原位监测。

7.6 其他抗滑工程设计

7.6.1 根据滑坡性质和规模，可单独或联合选用削方减载、回填反压、注浆加固、抗滑键、微型桩及坡面防护等其他滑坡加固工程措施。

7.6.2 削方减载应将减载后的稳定系数和下滑推力作为支挡设计的依据。设计应符合下列要求：

1 滑体或滑带土具有卸荷膨胀开裂性质时，不应采用减载措施。推移式滑坡或由错落转化的滑坡宜采用后部减载措施。减载时，应考虑清方后滑坡后部和两侧山体的稳定性，防止后缘产生新的滑动。

2 削方减载高度较大时，应设置成台阶状，台阶宽度不宜小于6.0m。

3 采用爆破方法对后缘滑体或危岩进行削方减载时，宜采用爆索光面爆破或预裂爆破，并对周围环境进行专门调查，评估爆破震动对滑坡整体稳定性的影响和爆破飞石对周围环境的危害。

4 削方工程完成后，应根据边坡高度、坡面抗风化和抗冲刷能力，采用挂网喷播植草、格构骨架植草、挂网喷射混凝土、护面墙等措施对坡面进行有效防护。

5 施工期应做好临时排水措施。采用分级减载时，削坡平台应设置完善的截排水措施。

7.6.3 填土反压可用于滑坡体前缘有较长的抗滑段，或滑坡剪出口前地形平坦，具有反压条件的滑坡。应将填土反压后滑坡稳定系数和下滑推力作为支挡设计的依据。设计应符合下列要求：

1 反压填筑体应设置在滑坡体抗滑段或滑坡剪出口前缘。

2 填料宜利用减载弃方或其他弃方。河、水库水位变动带应选用碎石土、砾类土、石渣等水稳性好的填料，并对填筑体进行反滤防渗和防冲刷处理。

3 当路基从滑坡前缘通过时，应采用路堤，对滑坡前缘形成反压。路堤填料和压实度应符合现行《公路路基设计规范》（JTG D30）的有关规定，反压部位基底应碾压夯实。当处于地基软弱和富水地段时，应采取排水固结、换填等措施进行地基处理。

4 填料应分层压实，位于公路路堤之外的反压部分，压实度不应小于85%。

7.6.4 注浆加固可用于加固岩质滑坡、松动岩体以及崩塌堆积体、岩溶角砾岩等滑坡的滑动面（带）土，不应单独作为滑坡处理措施。注浆设计应符合下列要求：

1 注浆范围应结合滑坡体范围及岩土体性质确定。最外侧注浆孔宜位于滑坡边界外0.5~1.0m，注浆深度宜穿过滑动面（带）不少于3.0m。注浆孔宜采用梅花形布置，间距宜为注浆有效扩散半径的1.5倍。必要时可将注浆钢花管留在滑坡体内，增强滑坡稳定性。

2 注浆施工前应进行注浆试验，验证注浆孔间距、注浆量、注浆压力等设计参数。

3 注浆所用水泥强度等级不应低于42.5，水灰比应根据饱和度和岩土体渗透性通过现场灌浆试验确定。

4 注浆应采用分级加压、逐级递增的方式。注浆后应进行开挖或钻孔取样检验，测定注浆后滑动面以及滑体参数，必要时应进行现场原位测试，评价注浆效果。

条文说明

注浆加固通过改良滑坡滑动面（带）土性质，提高滑动面（带）抗剪强度和滑体稳定性，近年来在公路滑坡治理中得到了一定程度的应用。但由于滑动面（带）土多为含水率高、软塑状的黏性土，可灌性较差，且注浆效果检验困难。因此，选择注浆加固滑坡时，需充分考虑其适用性。

7.6.5 抗滑键可用于滑动面埋深大、位置明确，且滑动面上、下岩体相对完整的岩质边坡抗滑工程。当应用于滑体稳定性较好的土质滑坡时，滑动面设置阻滑键后，应保证不会沿滑体内部产生新的滑动。抗滑键设计应符合下列要求：

1 抗滑键宜采用单体阻滑键形式，多采用矩形短桩结构。

2 抗滑键在滑动面（带）上、下岩体内的嵌入长度均不应小于3.0m。

3 抗滑键设计计算与材料要求应符合抗滑桩的有关规定。

条文说明

抗滑键实际上是深埋在地下的抗滑短桩。当滑动面埋深大，且滑动面（带）单一、位置明确、滑体完整、滑体稳定性较好时，如采用常规抗滑桩钢筋混凝土一直要灌注到地面，不但圬工量大，而且由于悬臂段过长，桩身抗弯矩大，受力极不合理，需要增大桩的锚固深度和桩断面，造价高。

抗滑键设计时需进行越顶验算，一般不允许滑体出现塑性区，避免滑体从桩顶或滑体内部产生新的滑动。

7.6.6 微型桩设计应符合下列要求：

1 微型桩直径宜为150~300mm。其筋材宜采用钢筋束、钢管、钢轨等，灌浆材料宜采用水泥砂浆或水泥混凝土。

2 微型桩（群）之间的顶部宜采用钢筋混凝土框架梁或板联结，框架梁宽度不宜小于300mm。

3 微型桩灌浆压力应根据滑体岩土性质，由现场试验确定，宜为0.3~1.0 MPa。

条文说明

微型桩最初主要用于建筑地基处理和加固，具有承载力高、沉降量小、施工方便快捷等特点，发展十分迅速。近年来，微型桩越来越广泛地应用于滑坡和边坡加固中。由于其具有施工快捷、对施工场地要求低、见效快等优点，被广泛应用于滑坡应急抢险工程中。在地质条件简单的部分中、小型滑坡治理中，也得到了一定的应用。

微型桩（群）通常与其顶部的钢筋混凝土框架梁或板联结，梁板、桩群和其间的岩土体形成复合结构共同抗滑，其作用机理较复杂，因此对于滑坡永久治理工程需慎用。

8 滑坡防治监测与预测预警

8.1 一般规定

8.1.1 对公路滑坡应进行监测,确定滑坡范围、滑动面位置、变形速率及稳定状态,验证滑坡防治工程效果,保障滑坡防治工程施工和公路运营安全。

8.1.2 滑坡监测阶段可分为施工安全监测、防治效果监测和运营期长期监测。滑坡防治监测设计应根据滑坡防治对象,按表8.1.2确定滑坡防治监测阶段。

表8.1.2 滑坡监测阶段的适用范围

滑坡防治工程的安全等级和规模		滑坡监测		
		施工安全监测	防治效果监测	运营期长期监测
Ⅰ级	巨型规模	√	√	√
	大型规模	√	√	△
	小型、中型规模	√	△	○
Ⅱ级		√	△	○
Ⅲ级		√	○	×

注:√-应做;△-宜做;○-视具体情况选做;×-可不做。

条文说明

滑坡防治监测包括施工安全监测、防治效果监测和运营期长期监测,以施工安全监测和防治效果监测为主。施工安全监测结果是判断滑坡范围、滑动面位置及稳定状态,指导施工和优化调整设计的重要依据。防治效果监测要结合施工安全监测进行,监测结论用于检验滑坡防治工程效果,评判防治工程实施后滑坡体稳定状态和工程安全性。

8.1.3 滑坡监测应根据滑坡防治工程安全等级和监测阶段,结合滑坡体分布范围、地形地貌特征、性质、破坏模式、变形情况、稳定状态及主体防治工程类型等建立监测网。滑坡影响区内有桥梁、隧道、高压输电塔、油气管道等重要建筑物及村庄和学校时,必须建立监测网。

8.1.4 监测网应由监测断面和监测点组成。施工安全监测和防治效果监测阶段所布网点应能供运营期长期监测利用，并应符合下列要求：

1 大型、巨型规模的Ⅰ级滑坡防治监测，应建立地表位移和深部位移监测相结合的综合监测网。

2 小型和中型规模的Ⅰ级滑坡、Ⅱ级滑坡防治监测，应建立以地表位移监测为主、深部位移监测为辅的监测网。

3 Ⅲ级滑坡防治监测，可根据具体情况开展滑坡地表简易监测工作。

4 滑坡应急抢险时，应建立地表临时监测网。

5 监测断面应根据滑坡体的不同变形块体和方位进行控制性布设，以绝对位移监测为主，监测断面上的裂缝、滑动面（带）应进行相对位移监测。

6 监测点应根据滑坡变形地段、块体及组合特征等沿监测断面进行布设，监测断面上的裂缝、滑动面（带）应布设相对位移测点。对地表变形剧烈、滑坡体稳定性起关键作用的地段和块体、抗滑支挡结构物、桥隧地段等应进行重点控制，并加密测点。

8.1.5 滑坡监测方法应根据滑坡体的变形动态、仪器性能、维护条件和经济等因素综合确定，可采用人工监测或自动监测。

8.1.6 监测仪器应符合下列要求：

1 性能稳定可靠，抗干扰和适应恶劣环境能力强，具有防风、防雨、防潮、防震、防雷、防腐等与环境相适应的性能。

2 具有与滑坡体变形相适应的量程与精度。

3 对施工安全监测和防治效果监测精度和灵敏度高。

8.1.7 滑坡防治监测方案设计应根据地质条件、滑坡规模、工程安全等级、施工安全和防治效果评价等，以及不同监测阶段的工作任务，结合监测条件，确定监测范围、对象、内容及监测方法，进行监测网、监测断面和监测点布置设计，确定监测周期和监测频率及精度要求。

8.1.8 Ⅰ级滑坡防治监测宜建立滑坡防治数据库，涵盖滑坡基本信息、各阶段监测数据、滑坡稳定性分析、防治效果评价等资料。

8.1.9 滑坡防治工程监测，应根据需要建立群测群防的监测机制。

条文说明

群测群防是利用当地群众熟悉滑坡体实际情况的优势，对滑坡体不间断监测，迅速发现险情并及时上报，最大限度地减少人员伤亡和财产损失，是滑坡监测预警的重要组成部分。

群测群防监测方法分为简易监测和巡视监测两种。简易监测可以使用钢卷尺、直尺和游标尺作为监测工具,在裂缝和排水沟两侧埋设裂缝观测标志,定期量测标志间距求得裂缝变化。巡视监测采用常规地质调查法,定期对滑坡体或其上建筑出现的宏观变形形迹(如裂缝的发生与发展、地面沉降、下陷等)和与变形有关的异常现象(如水声、地下水异常、掉块等)进行巡视观测和详细记录。

8.1.10 滑坡防治工程监测,应积极推广 BDS/GPS、RS、GIS 空间信息技术、无线通信技术、物联网技术及其他智能技术,宜建立公路滑坡防治多维多基网络化实时自动监测预警系统。

8.2 滑坡监测内容与周期

8.2.1 滑坡监测应根据滑坡防治工程安全等级、监测任务等按表 8.2.1 确定监测内容。

表 8.2.1 滑坡监测内容

监测阶段	滑坡防治安全等级	监测内容				
		地表位移	深部位移	地下水动态	支挡结构物位移	预应力锚索应力、位移
施工安全监测	Ⅰ级	√	√	√	√	√
	Ⅱ级	√	√	√	△	△
	Ⅲ级	√	×	○	○	○
防治效果监测	Ⅰ级	√	√	√	√	√
	Ⅱ级	√	△	△	△	△
	Ⅲ级	√	×	×	×	×
运营期长期监测	Ⅰ级	√	√	√	√	√
	Ⅱ级	√	△	○	○	△
	Ⅲ级	×	×	×	×	×

注:√-应做;△-宜做;○-视具体情况选做;×-可不做。

8.2.2 滑坡监测应调查收集降雨量资料,对大型、巨型的Ⅰ级滑坡防治工程应进行降雨量监测,必要时宜建立雨量观测站。

8.2.3 滑坡施工安全监测阶段应对滑坡体进行动态监控,验证地质勘察资料与勘察结论的准确性,实时掌握施工过程中各种因素对滑坡体稳定的影响,及时指导滑坡防治工程动态设计与施工。

8.2.4 滑坡施工安全监测阶段的监测断面、监测点布置应符合下列要求:

1 应根据滑坡地形地貌、工程地质条件和主体防治工程方案，合理布设滑坡监测断面。监测断面应沿滑坡主滑动方向布设，主滑断面及两侧各布置1~3个监测断面。

2 规模大、性质复杂的滑坡按变形分区进行稳定性评价与治理工程设计时，应根据分区布设监测断面，每个分区监测断面不应少于1个。

3 在监测断面上，滑坡后缘之外的稳定地段、后缘牵引段、主滑段、前缘抗滑段、支挡结构物、路基或桥隧构造物等均应布置监测点，其中主滑段监测点不应少于2个。

4 预应力锚索应力监测点数量不宜少于锚索总数的5%，且不应少于3根。

5 当需要设置水文观测孔监测地下水、渗水和降雨对滑坡稳定的影响时，每个监测断面上观测孔的设置不应少于2个。

6 深部位移监测孔深度应达滑动面以下不应小于5m处。

7 利用固定物作为绝对位移监测点位时，应避免选在滑坡体或斜坡变形体、临空陡崖和被深大裂缝切割的岩块上，以消除卸载变形和局部变形的影响。

8.2.5 滑坡施工安全监测阶段的周期与观测频率应符合下列要求：

1 监测周期应与施工期一致，起于工程开工建设，止于防治工程交工验收。

2 变形活跃时，观测频率宜24h监测一次；开挖、加载、降雨期间，应加密观测次数。在滑坡变形基本稳定的情况下，每周监测宜为2次。

3 抗滑桩、抗滑挡墙等施工期间，以及连续降雨或施工异常的情况下，监测频率宜每天一次，并视需要随时跟踪监测和巡视。

8.2.6 滑坡防治效果监测阶段的周期与观测频率应符合下列要求：

1 监测周期应起于防治工程交工验收，与滑坡施工安全监测阶段相衔接，止于公路运营后不少于一个水文年。

2 观测数据采集时间间隔为每月不宜少于1次。连续降雨或暴雨期及滑坡出现异常时，应增加观测次数。

8.2.7 公路运营期滑坡长期监测阶段的周期与观测频率应符合下列要求：

1 监测周期起点应与滑坡防治效果监测阶段相衔接，止于工程竣工验收后不少于2年。

2 运营期长期监测宜沿滑坡主滑断面进行，监测点可少于施工安全监测和防治效果监测，观测数据采集每季度不宜少于1次。连续降雨或暴雨期及滑坡出现异常时，应加密观测次数。

8.3 滑坡监测方法与技术要求

8.3.1 滑坡监测方法应根据滑坡防治工程安全等级、监测内容及监测环境条件等因素，按表 8.3.1 选定，数据采集与传输可视具体情况采用人工监测或自动监测。

表 8.3.1 滑坡体监测项目与监测方法

监测内容	监测项目	监测方法	监测目的
地表位移	水平位移	大地测量法、GPS法等	观测地表位移、变形发展情况
	垂直变形	水准测量法等	
	裂缝	标桩、直尺或裂缝计等	观测裂缝发展情况
深部位移	深部位移	测斜仪、钻孔位移计等	观测相对于稳定地层的地下土（岩）体位移，确定滑动面位置和滑体变形速率，判断主滑方向，判定滑坡的稳定状况，评判滑坡加固工程效果
地下水动态	地下水位	人工测量法等	观测地下水位变化及与降雨关系、水质变化情况，评判排水措施的有效性
	水质		
	孔隙水压	孔隙水压力计等	观测孔隙水压及变化情况
支挡结构物	水平位移	大地测量法、GPS法等	观测支挡结构物位移、变形及发展情况
预应力锚索	锚索预应力	锚索测力计等	观测锚索预应力动态变化，确定锚索的长期工作性能状态和预应力损失情况
	锚头位移	大地测量法、GPS法等	观测锚头位移、变形及其发展情况

8.3.2 地表变形监测应掌握滑坡体地表水平位移及位移方向、垂直位移及位移变化速率，观测方法与精度应符合下列要求：

1 监测方法宜采用大地测量法、GPS法等，使用仪器宜选用全站仪、GPS接收机、水准仪等。

2 点位误差的观测精度应满足最弱相邻边长相对中误差1/100 000，高程误差的观测精度应控制在±2mm以内。

8.3.3 地表裂缝监测应掌握地表主裂缝宽度、张开、闭合、位错等变化情况，可采用伸缩仪、位错计或简易观测桩等人工或自动观测方法，观测精度0.1~1.0mm。

条文说明

地表裂缝的出现和发展，往往是岩土体失稳破坏的前兆，因此这种裂缝一旦发生，需对其进行监测。

对滑坡体上的所有主要裂缝要加强人工现场巡视，对较大的裂缝采用测缝计或钢卷尺进行裂缝的长度、深度、宽度和发展方向的观测。

8.3.4 深部位移监测应掌握滑坡深部不同位置的岩土体深部位移量及速率，确定滑坡滑动面位置及主滑动方向。监测方法可采用钻孔位移监测，监测仪器宜采用钻孔测斜仪，系统精度要求不得超过±5mm/15.0m。

8.3.5 地下水监测应掌握滑体内地下水位、水压、水温及主要化学成分等动态变化，判断滑坡变形破坏与地下水的相关性。观测方法与精度应符合下列要求：

1 地下水位观测可采用测绳、万能表和水位自动记录仪，观测精度要求误差不得超过±3mm。

2 孔隙水压观测可采用测压管、钢弦式孔隙水压力计、压阻式孔隙水压力计等，测压管观测的分辨率宜为1mm，观测精度应为±10mm；钢弦式孔隙水压力计的灵敏度宜为0.1%FS，观测精度应为±0.25%FS；压阻式孔隙水压力计的灵敏度宜为（0.01%~0.03%）FS，观测精度应为±0.5%FS。

3 必要时应定期采集地下水样，进行水质分析。

条文说明

地下水监测具体内容除地下水水位、水压外，还需分析研究地下水补给、径流、排泄及其与地表水、大气降水的关系，动态变化等。

FS为英文Full Scale的缩写，表示满量程，测量精度即为最大误差/仪表满量程×100%，这是为了区别读数精度，读数精度为读数误差与读数真值之间的比值。

8.3.6 支挡结构物位移变形监测宜采用大地测量法、GPS法等，使用仪器宜选用全站仪、光电测距仪等，点位误差的观测精度应符合本规范第8.3.2条的规定。

8.3.7 锚索预应力动态变化和锚索的长期工作性能状态监测可采用锚索测力计，应根据锚索设计工作力确定其最大测试量程。

条文说明

锚索应力监测中，对于锚索锚固力的监测是一项极为重要的监测内容，锚索拉力的变化是岩土体荷载变化的直接反映，包括锚杆轴向应力和锚索预应力损失的量测，以分析锚索的受力状态、锚固效果等。

8.4 滑坡预测预警

8.4.1 滑坡防治工程施工过程中，应结合支挡结构物基坑或基础开挖、路基填挖施工情况，根据施工监测数据，进行滑坡位移及其发展趋势预测。

条文说明

在抗滑桩基坑或抗滑挡墙基础开挖、路基开挖或填筑过程中，根据施工监测数据进行滑坡位移及其发展趋势预测，并以此为依据来调整施工工序，采取有效的应急防范措施，及时控制滑坡变形速率，保证施工和工程安全。

8.4.2 滑坡预测应以滑坡位移监测资料为主，采用定性与定量预测相结合，选择合适的预测模型和方法进行预测。

条文说明

滑坡预测分析方法较多，常规的预测模型和方法见表8-1，但尚无成熟、通用的滑坡预测模型，任何一个滑坡定量预测模型仅能适用于某一类滑坡或某一个演化阶段的预测，不能适用于所有滑坡的预测。对于同一个滑坡，采用不同的预测模型可能会得出千差万别的预测结果，究竟哪些结果更接近真实，目前尚无很好的判别方法。基于此原因，预测时既要选择合适的预测模型，也要重视对滑坡宏观变形破坏迹象以及滑坡前兆信息的研究，将斜坡变形破坏的宏观信息与滑坡监测资料有机地结合起来，采取定量与定性预测相结合的综合预测方法，判断坡体变形破坏的成因机制、变形演化阶段、目前的稳定状况，推测发生失稳破坏的大体时间，对滑坡体的现状做出综合判断。

表8-1 滑坡定量预测模型和方法

预测模型及方法	适 用 条 件	备 注
斋滕迪孝法	适用于一次滑动型的滑坡加速蠕动变形阶段的预测	以蠕变理论为基础，建立了蠕变经验方程，预测精度受到一定的限制
灰色系统理论预测法	适用短期临滑预测。蠕变阶段，进行滑坡变位预测；滑动阶段，进行剧滑时间预测	模型预测精度取决于模型参数的取值。逐步迭代法 GM 模型计算精度较高
双曲线指数平滑法	属于统计预报模型，适用于中短期预测	属于短期趋势预测和跟踪预报，当滑坡处于加速滑动变形阶段时，可较准确预测剧滑时间。预测结果是一个时段
多元非线性相关分析法		
BP 神经网络预测法		
滑体变形功理论预测法	适用于短期临滑预测	综合考虑了滑坡全场位移、位移速率及滑坡体力等因素，体现了滑坡变形的总体规律，预测的结果是一个具体的时刻

8.4.3 滑坡变形预测预报可采用深部位移速率、滑坡前缘剪出裂缝的危险位移速率及临界降雨强度等作为预报指标，并根据滑坡类型、变形特征、发展趋势及滑坡危害对象等，合理确定滑坡体进入临界失稳状态前的警戒值。

条文说明

滑坡预测的另一重要方面是预测警戒值，是指用于判定滑坡体进入临界失稳状态的指标。日本的滑坡预报预警值是 7mm/d。在我国真正预测并实测到滑坡破坏时位移速率的工程实例很少。甘肃省黄茨滑坡的变形监测与预报分析提出预警值为 10mm/d，并成功预报滑坡，这一预警值在甘肃省焦家 3 号滑坡预报中得到了验证。目前，我国尚无统一的预警值，且预警值可能随地区和滑坡类型不同而有一定差异。

公路滑坡防治工程预测预报与预警的目的是对施工中滑坡过大的变形进行预警，及时采取应急抢险工程措施，控制滑坡变形发展，防止滑坡体进入临界失稳状态，保证工程安全。根据国内外滑坡部分滑坡破坏前的变形速率的统计分析，从工程安全出发，滑坡预报的警戒值采用深部位移 5mm/d、滑坡前缘剪出裂缝的危险位移量 10mm/d 较为合适。

滑坡变形的警戒值 5mm/d，是指滑坡持续变形 3~5d 超过警戒值，超警戒值的深部位移监测孔所代表滑动块体的体积占整个滑坡体的一半以上。

滑坡前缘剪出裂缝的危险位移量 10mm/d，是指其前缘剪出口有一半以上部位的位移超过警戒值。

8.4.4 应根据滑坡地质环境条件、主要诱发因素和滑坡防治效果监测信息，进行运营期滑坡位移发展趋势的预测分析，评价滑坡安全状况。

8.5 滑坡监测数据整理与分析

8.5.1 监测数据分析与处理应符合下列要求：
1 监测资料应及时编录、整理、统计分析。
2 应及时确定位移量、位移方向、位移速率，以及滑坡滑动面位置、主滑断面及方向，分析诱发滑动的主要因素，判断滑坡所处的变形阶段。
3 应根据监测数据和变形迹象进行综合分析，判断滑坡的稳定状态，预测预报滑坡险情，提出相应的建议。

8.5.2 滑坡监测应提供滑坡监测报告和各监测点的监测图表资料。

8.5.3 滑坡防治监测报告应包括下列主要内容：
1 概述（自然条件、滑坡地质概况、防治工程设计方案、施工概况、主要监测过程、完成工作量等）；
2 监测网和监测系统组成与布置情况；
3 监测内容与执行情况（监测内容与项目、使用仪器设备、观测方法、观测精度等）；
4 监测结果分析（地表位移、裂缝、深部位移、地下水、支挡结构物位移等变化及与工程施工的关系）；
5 监测成果、主要结论与相关建议。

8.5.4 滑坡防治监测主要图表资料应包括下列内容：

1 滑坡监测网、监测断面、监测点布置图（包含滑坡地形地质、防治工程布置），比例尺 1∶500～1∶2 000；

2 滑坡监测内容、项目、仪器设备、观测方法、精度一览表；

3 地表位移监测数据一览表，地表位移变化及与降雨、工程施工过程主要节点关系图；

4 地表裂缝监测数据一览表，地表裂缝变化及与降雨、工程施工过程主要节点关系图；

5 地下水位、孔隙水压监测数据一览表，地下水位、孔隙水压变化及与降雨、工程施工过程主要节点关系图；

6 深部位移监测数据一览表，深部位移随深度、时间变化曲线图（配钻孔地质柱状图），以及与降雨、工程施工过程主要节点关系图；

7 预应力锚索应力监测数据一览表，预应力锚索应力随时间变化图；

8 支挡结构物位移监测数据一览表，支挡结构物位移随时间变化图。

9 滑坡防治工程动态设计与应急抢险工程设计

9.1 一般规定

9.1.1 对大型、巨型滑坡及地质复杂的滑坡必须开展滑坡防治工程动态设计工作。

9.1.2 滑坡防治动态设计必须以完整的滑坡工程地质勘察报告和防治工程施工图设计文件为基础，并满足现行相关规范规定和设计深度的要求，不得以动态设计之名而弱化前期勘察设计工作，严禁边勘察、边设计、边施工。

9.1.3 滑坡防治动态设计应根据施工揭露的工程地质资料和动态监测信息，修正滑坡计算模型与计算参数，验证地质勘察结论的准确性和可靠性，动态调整或优化滑坡防治工程设计方案及工程措施，保证滑坡防治工程安全可靠且经济合理。必要时可有针对性地进行施工地质补充勘察工作。

条文说明

　　滑坡防治动态设计所需资料包括滑坡工程地质勘察报告和防治工程施工图设计文件等基础资料，以及滑坡防治工程施工过程地质编录和滑坡动态监控量测等动态信息。

　　滑坡防治动态设计需以滑坡工程地质勘察报告为基础，收集主体防治工程施工地质编录和相关岩土力学试验资料，完善滑坡工程地质背景信息，调整或修正滑坡计算模型与计算参数，验证滑坡勘察结论的准确性和可靠性。当地质勘察报告与施工揭示的实际地质情况严重不符时，需要有针对性地进行施工地质补充勘察工作。

　　滑坡防治动态设计要以滑坡施工揭露的工程地质资料和动态监测信息为依据，结合坡体与结构变形情况、应力状态变化规律以及大气降雨与地下水活动等动态监测信息，综合评估滑坡变形活动状态及稳定性发展趋势，及时调整或优化滑坡防治工程设计方案及工程措施，指导施工应急处理施工中出现的险情，保障滑坡防治工程安全可靠、经济合理和顺利实施。

9.1.4 滑坡防治工程施工过程或运营期间，应根据监测信息，视施工情况进行滑坡变形发展趋势的预测分析。当滑坡体产生较大的位移或危及相关设施安全等险情时，应及时预警、停止施工或封闭交通，采取应急抢险措施，控制滑坡变形发展，保证施工与运营安全。

9.1.5 应建立滑坡灾害应急抢险机制，落实滑坡灾害应急抢险预案。遇有滑坡灾害险情发生时，应科学、有序、安全、快速地组织实施滑坡灾害应急抢险工程，尽快恢复交通。

9.2 滑坡防治工程动态设计

9.2.1 滑坡防治工程动态设计应始于工程开工，终于工程交工验收。动态设计应做好下列工作：

1 防治工程开工后，应及时跟踪滑坡防治工程施工过程和监测工作，收集施工开挖所揭露的地质资料和监测信息。

2 应校核滑坡工程地质勘察报告结论的准确性和可靠性，重点校核滑坡体地质结构、滑动面（带）位置及其岩土力学性质、滑动面（带）贯通情况和滑坡性质等。

3 当施工开挖揭露和施工监测信息表明滑坡地质条件、岩土力学参数及稳定状态等出现了较大的变化时，应及时修改和完善滑坡力学计算模型和岩土力学参数，重新进行滑坡稳定性和推力计算。必要时应进行工程地质补充勘察试验。

4 应根据滑坡稳定性和推力的校核或重新计算结果，校核滑坡总体防治工程方案和工程结构设计的合理性与可靠性。必要时应调整滑坡防治方案，优化防治工程结构设计和施工组织方案。

5 应根据支挡结构物基坑或基础开挖、锚索孔施工等所揭露的滑动面（带）位置及滑动面（带）以下地层岩土性质及承载能力，校核抗滑桩锚固段长度、预应力锚索锚固段长度或抗滑挡墙基础形式与埋置深度能否满足要求。必要时应调整和完善设计。

6 应根据坡体开挖所揭露的地下水出露和岩土体潮湿状态，以及仰斜排水孔施工揭露的的滑动面（带）位置及其滑动面（带）岩土含水状态，校核地下排水渗沟、仰斜排水孔位置和长度能否达到设计目的。必要时应调整和完善设计。

7 当坡体开挖、支挡结构物基坑或基础开挖施工中出现的异常，以及连续降雨或暴雨出现的险情，应结合施工监测信息，及时确定应急抢险工程措施，防止滑坡性状恶化。

8 滑坡防治工程完工后，应根据滑坡防治效果监测阶段的信息资料和结论，评估滑坡防治工程的安全状况。必要时应采取补充抗滑工程措施。

条文说明

滑坡防治动态设计内容包括收集施工地质资料、滑坡动态监测、力学模型完善、岩土参数修正、稳定状态评价、发展趋势预测、防治方案调整、结构设计优化、施工管理建议等。

滑坡施工地质资料包括经开挖或钻孔揭示的滑坡体物质组成、地层岩性条件、地质结构构造、风化破碎程度、节理发育状态、滑动面或软弱带位置与岩土性质、含水层位置、地下水位、水温、水质与运移规律等。

滑坡施工监测信息包括滑坡裂缝发育状态与发展趋势、既有建筑物或防护结构变形破坏与分布特点、滑坡地表或重要结构位移历时动态、坡体深部位移或滑动面（带）变形活动动态特征、岩土或结构应力状态与变化规律、地表降雨特点与地下水活动状态等。

通过逐项比对滑坡施工地质资料和既有滑坡工程地质勘察成果与结论，确认滑坡稳定性计算模型与参数、工程地质勘察结论的准确性与可靠性，必要时开展有关岩土力学试验与检测，补充和完善滑坡工程地质基础信息，作为调整或修正滑坡地质力学模型与岩土计算参数的重要依据之一。

9.2.2 当滑坡变形位移量接近警戒值时，应及时停止支挡结构物基坑或基础开挖、路基开挖或填筑等，并采取后缘减载、前缘反压、设置钢支撑加固基坑等应急抢险工程措施。

9.2.3 锚索预应力张拉施工时，应严格按设计要求施加预应力，锚索预应力误差应控制在±10%以内。

9.2.4 当锚索预应力值低于锚索锁定荷载20%以上时，应进行锚索补偿张拉；当锚索预应力值超过锚索设计张拉力值10%以上时，应及时分析原因，采取措施，防止锚索破坏。

条文说明

预应力锚索锚固技术是一种高效的支护技术，目的就是限制岩体的变形，保证工程的安全运行，锚索预应力值的长期稳定性是锚固工程耐久性与安全性的重要前提。

由于预应力锚索长期处于受荷状态，锚索将会因松弛而导致预应力的损失。影响锚索预应力损失的因素很多，包括锚索材料、岩土体变形、锚头夹具、张拉系统、张拉顺序、混凝土的收缩及蠕变、爆破与地震等振动或冲击力、降雨及温度变化等，如果锚索预应力损失过大，将不能有效地限制坡体变形，锚固作用将减小甚至失效。因此，锚索预应力损失需控制在合理的范围，从锚固工程耐久性和工程实际出发，条文规定锚索预应力值低于锚索锁定荷载20%以上时，需进行锚索重新张拉。

锚索工作应力值超过设计张拉力值过大时，将使锚索在高应力作用下产生损伤，甚至会引起锚索断裂。其产生的原因，可能是对滑坡的认识不够、支挡工程设计抗力不足，也可能是防治工程施工工序不当等。从工程安全出发，条文规定当锚索预应力值超过锚索设计张拉力值10%以上时，需及时分析原因，采取措施，防止锚索破坏。

9.2.5 当抗滑支挡结构物出现异常变形时，应及时查明原因，采取相应补救措施，保证支挡结构物安全稳定。

9.3 滑坡应急抢险工程设计

9.3.1 在建公路滑坡防治工程施工中出现重大险情或已建公路运营中路基边坡产生滑动迹象时，应及时启动滑坡应急抢险工程，控制滑坡变形的发展。

条文说明

在建公路滑坡防治工程施工中出现重大险情或已建公路运营中路基边坡产生滑动迹象时，要根据险情性质、规模等及时启动相应的滑坡灾害应急抢险工程。其目的是控制滑坡的变形发展，防止滑坡演变成更大的灾害，保证在建工程施工安全、已建工程的交通运营安全。

9.3.2 滑坡应急抢险工程设计应包括下列内容：
1　应进行滑坡类型与性质快速判识，采用工程地质类比法，定性分析判断滑坡所处的变形阶段、稳定状况及发展趋势。
2　应快速建立滑坡应急监测系统，明确监测断面、监测点、监测内容及监测方法。
3　应进行滑坡险情预警与应急管理、处置预案设计，明确人员疏导、运营公路交通疏导保通和安全管控方案。
4　应进行滑坡应急抢险工程方案设计，明确滑坡应急抢险工程措施、施工方案等。

9.3.3 滑坡应急抢险工程设计应符合下列要求：
1　在建工程的滑坡应急抢险方案应立足于防止滑坡变形的发展和扩大，保证施工人员与设备安全；已建公路运营期滑坡应急抢险方案还应充分考虑滑坡对公路安全的危害，以及应急抢险工程、永久防治工程施工对交通的影响。
2　应急抢险工程措施应与永久防治工程相结合，分期、分批组织实施；永久防治工程设计应考虑应急工程对减小滑坡下滑力、增加滑坡抗滑力的作用影响。
3　应急抢险工程措施应保证滑坡的稳定系数不小于1.05。

9.3.4 滑坡应急抢险工程设计应遵循因地制宜、就地取材、安全快捷、易于实施的原则，采取下列应急工程措施：
1　应设置截水沟和排水沟，拦截流入滑坡区的地表雨水或引排滑坡区内的地表水体。必要时，宜设置仰斜排水孔、井点降水等，快速降低滑坡体内地下水位。
2　应对地表裂缝及时进行回填封闭、铺设防渗土工布，防止雨水沿裂缝渗入滑坡体。
3　地形地质条件允许时，可在滑坡后部进行削方减载，减小滑坡的下滑力；或在滑坡前缘进行填土堆载反压，增加滑坡抗滑力。

4 宜结合滑坡地形地质条件，选择合适的位置，设置钢管桩、钢轨桩等微型抗滑桩或进行预应力锚索加固。

9.3.5 滑坡应急抢险期间，滑坡监测应以位移监测和人工巡视巡查相结合，位移监测应以地表位移和裂缝监测为主，深部位移监测为辅，重点监控滑坡位移变化速率。当滑坡出现变形加速或剧烈变化等情况时，应及时启动应急预警预案、封闭交通、疏散人员。

9.3.6 经应急抢险处置的滑坡达到基本稳定状态后，应进行滑坡地质补充勘探、稳定性定量评价及永久防治工程设计。

本规范用词用语说明

1 本规范执行严格程度的用词，采用下列写法：
1) 表示很严格，非这样做不可的用词，正面词采用"必须"，反面词采用"严禁"；
2) 表示严格，在正常情况下均应这样做的用词，正面词采用"应"，反面词采用"不应"或"不得"；
3) 表示允许稍有选择，在条件许可时首先应这样做的用词，正面词采用"宜"，反面词采用"不宜"；
4) 表示有选择，在一定条件下可以这样做的用词，采用"可"。

2 引用标准的用语采用下列写法：
1) 在标准总则中表述与相关标准的关系时，采用"除应符合本规范的规定外，尚应符合国家和行业现行有关标准的规定"。
2) 在标准条文及其他规定中，当引用的标准为国家标准和行业标准时，表述为"应符合《××××××》（×××）的有关规定"。
3) 当引用本标准中的其他规定时，表述为"应符合本规范第×章的有关规定"、"应符合本规范第×.×节的有关规定"、"应符合本规范第×.×.×条的有关规定"或"应按本规范第×.×.×条的有关规定执行"。